HERNANDES DIAS LOPES

prosperando no deserto

*Edição
revisada
e ampliada*

© 2008 por Hernandes Dias Lopes
1ª edição: janeiro de 2017
3ª reimpressão: novembro de 2024

Edição e revisão de texto: Josemar de S. Pinto e Letras Reformadas
Diagramação: Letras Reformadas
Capa: Maquinaria Studio
Editor: Aldo Menezes
Coordenador de produção: Mauro Terrengui
Impressão e acabamento: Imprensa da Fé

As opiniões, as interpretações e os conceitos desta obra são de responsabilidade de quem a escreveu e não refletem necessariamente o ponto de vista da Hagnos.

Todos os direitos desta edição reservados à
EDITORA HAGNOS LTDA.
Rua Geraldo Flausino Gomes, 42, conj. 41
CEP 04575-060 — São Paulo, SP
Tel.: (11) 5990-3308

E-mail: editorial@hagnos.com.br | Home page: www.hagnos.com.br

Editora associada à Associação Brasileira de Direitos Reprográficos (ABDR)

Dados Internacionais de Catalogação na Publicação (CIP)

Lopes, Hernandes Dias

Prosperando no deserto / Hernandes Dias Lopes. — São Paulo : Hagnos 2017.

Edição rev. e ampl.
ISBN 978-85-243-0525-2

1. Esperança 2. Fé 3. Isaque (Patriarca bíblico) 4. Vida cristã I. Título

16-1149   CDD 248.86

Índices para catálogo sistemático:
1. Crises : Mensagens de encorajamento : Vida cristã 248:86

Angélica Ilacqua CRB-8/7057

DEDICATÓRIA

Dedico este livro aos meus irmãos Francisco e Iracy, amigos e companheiros de jornada, rogando a Deus que eles experimentem o glorioso milagre da intervenção divina nos desertos da vida.

SUMÁRIO

Prefácio 7
Introdução 9
Gênesis 26 11

No deserto da crise...

1. Precisamos seguir a orientação de Deus 15
2. Precisamos nos voltar para as promessas
   da palavra de Deus 25
3. Precisamos obedecer a Deus sem
   racionalizações 33
4. Precisamos saber que a tentação vem depois
   de uma grande bênção 39
5. Precisamos desafiar os prognósticos
   pessimistas 47
6. Podemos experimentar os maiores
   milagres de Deus 57
7. Precisamos estar preparados para enfrentar
   oposição sem deixar o coração azedar 63
8. Precisamos reabrir as antigas fontes sem
   deixar de cavar novos poços 71
9. Precisamos tirar o entulho dos filisteus
   para que a água possa jorrar 79
10. Precisamos conjugar trabalho e liturgia 85

E o deserto florescerá 91

PREFÁCIO

Isaque, o segundo patriarca da fé, é um maravilhoso exemplo de bravura e determinação. A sua vida é uma abençoada mensagem de encorajamento. Seu nascimento sobrenatural estimula os que vivem sofrendo por causa da esterilidade a crer na possibilidade da gestação da vida. A sua submissão ao pai na difícil jornada para Moriá é um exemplo eloquente de obediência. É conclusivo, portanto, que a vida de Isaque é um monumento singular de estímulo e coragem para todos os que têm o privilégio de ler sobre a sua heroica conquista e suas grandes vitórias no árido deserto da vida.

Marcas indeléveis de vida e beleza são acrescidas ao seu caráter quando estudamos as suas atividades como o maior agricultor do Oriente Médio na Antiguidade. Analisando esta faceta da vida de Isaque, é possível perceber que alcançou nessa atividade o seu melhor desempenho como "homem-estímulo".

Esse mérito, contudo, não foi alcançado sem lutas. O milagre só se tornou realidade quando Isaque teve a ousadia de plantar no deserto. Seguindo a orientação divina, ele se tornou um exemplo de perseverança e garra para todas as gerações.

Na visão do prolífero escritor Hernandes Dias Lopes, esse exemplo de garra e luta ganha cor, cheiro, som e ação. Lendo este livro, é possível ver a cor da esperança, sentir o cheiro da batalha, ouvir a voz do estímulo e desejar entrar imediatamente em ação. Espero que a sua primeira ação seja ler esta preciosa mensagem de capa a capa.

SIRGISBERTO QUEIROGA
Pastor-fundador da
Igreja Presbiteriana Bethesda
Brasília, DF

INTRODUÇÃO

A CRISE É UMA REALIDADE. É a agenda do dia dos brasileiros e o cardápio sobre a mesa de muitos concidadãos. Não adianta esconder a cabeça na areia como avestruz fazendo de conta que ela não existe. Os escândalos políticos abalaram a República. A corrupção endêmica e sistêmica solapou nossa economia. Grandes empresas nacionais foram assaltadas impiedosamente para abastecer partidos políticos e enriquecer homens cheios de poder e nenhum coração.

Vivemos numa crise avassaladora em nossa nação, que estende suas asas desde o palácio até a choupana, desde os maiores centros urbanos até as regiões mais remotas das nossas selvas. Vivemos a crise da família, a crise do governo, a crise financeira, a crise espiritual e, sobretudo, a crise moral. Os efeitos nefastos dessa crise estão estampados em cada esquina das nossas cidades, ou mesmo no rosto de milhares de pessoas que cruzam nosso caminho.

Pior do que a crise, porém, é a conformação com ela. Muitos não reagem mais diante das adversidades. São pessoas anestesiadas, com a esperança morta, com os sonhos sepultados na cova das impossibilidades. O que distingue um vencedor neste mundo tormentoso daqueles que sucumbem e tombam vencidos nos desertos da vida não são as circunstâncias. A crise chega para todos. Todos nós cruzamos em um momento ou outro da vida vales escuros e perigosos. Uns sucumbem, e outros triunfam diante das mesmas circunstâncias. A diferença está na atitude com que cada um enfrenta a crise. O fracasso só é fracasso quando você não aprende com ele. Crise é um tempo de oportunidade. É a crise que revela os vencedores de gigantes e expõe os medíocres.

A experiência de Isaque abrirá para nós uma clareira no meio desta noite trevosa de crise. A crise foi um tempo de oportunidade na vida dele. Em vez de se desesperar, ele seguiu a direção de Deus e triunfou num tempo em que todos estavam fracassando.

Talvez você esteja atravessando um período de crise — financeira, familiar ou mesmo na área dos seus sentimentos. Como você tem reagido diante dessas crises? Estou certo de que os princípios exarados neste livro poderão lançar luz em seu coração e colocar os seus pés na estrada que o conduzirá à verdadeira prosperidade.

Antes de continuar a leitura, aconselho você a ler Gênesis 26, que se encontra na página seguinte. Ali estão os princípios expostos neste livro.

GÊNESIS 26

¹ Sobrevindo fome à terra, além da primeira havida nos dias de Abraão, foi Isaque a Gerar, avistar-se com Abimeleque, rei dos filisteus. ² Apareceu-lhe o Senhor e disse: Não desças ao Egito. Fica na terra que eu te disser; ³ habita nela, e serei contigo e te abençoarei; porque a ti e a tua descendência darei todas estas terras e confirmarei o juramento que fiz a Abraão, teu pai. ⁴ Multiplicarei a tua descendência como as estrelas dos céus e lhe darei todas estas terras. Na tua descendência serão abençoadas todas as nações da terra; ⁵ porque Abraão obedeceu à minha palavra e guardou os meus mandados, os meus preceitos, os meus estatutos e as minhas leis. ⁶ Isaque, pois, ficou em Gerar.

⁷ Perguntando-lhe os homens daquele lugar a respeito de sua mulher, disse: É minha irmã; pois temia dizer: É minha mulher; para que, dizia ele consigo, os homens do lugar não me matem por amor de Rebeca, porque era formosa de aparência. ⁸ Ora, tendo Isaque permanecido ali por muito tempo, Abimeleque, rei dos filisteus, olhando da janela, viu que Isaque acariciava a Rebeca, sua mulher. ⁹ Então, Abimeleque

chamou a Isaque e lhe disse: É evidente que ela é tua esposa; como, pois, disseste: É minha irmã? Respondeu-lhe Isaque: Porque eu dizia: para que eu não morra por causa dela. ¹⁰ Disse Abimeleque: Que é isso que nos fizeste? Facilmente algum do povo teria abusado de tua mulher, e tu, atraído sobre nós grave delito. ¹¹ E deu esta ordem a todo o povo: Qualquer que tocar a este homem ou à sua mulher certamente morrerá. ¹² Semeou Isaque naquela terra e, no mesmo ano, recolheu cento por um, porque o Senhor o abençoava. ¹³ Enriqueceu-se o homem, prosperou, ficou riquíssimo; ¹⁴ possuía ovelhas e bois e grande número de servos, de maneira que os filisteus lhe tinham inveja. ¹⁵ E, por isso, lhe entulharam todos os poços que os servos de seu pai haviam cavado, nos dias de Abraão, enchendo-os de terra.

¹⁶ Disse Abimeleque a Isaque: Aparta-te de nós, porque já és muito mais poderoso do que nós.

¹⁷ Então, Isaque saiu dali e se acampou no vale de Gerar, onde habitou. ¹⁸ E tornou Isaque a abrir os poços que se cavaram nos dias de Abraão, seu pai (porque os filisteus os haviam entulhado depois da morte de Abraão), e lhes deu os mesmos nomes que já seu pai lhes havia posto. ¹⁹ Cavaram os servos de Isaque no vale e acharam um poço de água nascente. ²⁰ Mas os pastores de Gerar contenderam com os pastores de

Isaque, dizendo: Esta água é nossa. Por isso, chamou o poço de Eseque, porque contenderam com ele. ²¹ Então, cavaram outro poço e também por causa desse contenderam. Por isso, recebeu o nome de Sitna. ²² Partindo dali, cavou ainda outro poço; e, como por esse não contenderam, chamou-lhe Reobote e disse: Porque agora nos deu lugar o SENHOR, e prosperaremos na terra. ²³ Dali subiu para Berseba. ²⁴ Na mesma noite, lhe apareceu o SENHOR e disse: Eu sou o Deus de Abraão, teu pai. Não temas, porque eu sou contigo; abençoar-te-ei e multiplicarei a tua descendência por amor de Abraão, meu servo.

²⁵ Então, levantou ali um altar e, tendo invocado o nome do SENHOR, armou a sua tenda; e os servos de Isaque abriram ali um poço.

²⁶ De Gerar foram ter com ele Abimeleque e seu amigo Ausate e Ficol, comandante do seu exército. ²⁷ Disse-lhes Isaque: Por que viestes a mim, pois me odiais e me expulsastes do vosso meio? ²⁸ Eles responderam: Vimos claramente que o SENHOR é contigo; então, dissemos: Haja agora juramento entre nós e ti, e façamos aliança contigo. ²⁹ Jura que nos não farás mal, como também não te havemos tocado, e como te fizemos somente o bem, e te deixamos ir em paz. Tu és agora o abençoado do SENHOR. ³⁰ Então, Isaque lhes deu um banquete, e comeram e beberam. ³¹ Levantando-se de madrugada, juraram de

parte a parte; Isaque os despediu, e eles se foram em paz. ³² *Nesse mesmo dia, vieram os servos de Isaque e, dando-lhe notícia do poço que tinham cavado, lhe disseram: Achamos água.*

³³ *Ao poço, chamou-lhe Seba; por isso, Berseba é o nome daquela cidade até ao dia de hoje.*

³⁴ *Tendo Esaú quarenta anos de idade, tomou por esposa a Judite, filha de Beeri, heteu, e a Basemate, filha de Elom, heteu.*

³⁵ *Ambas se tornaram amargura de espírito para Isaque e para Rebeca.*

1

No deserto da crise...

PRECISAMOS SEGUIR A ORIENTAÇÃO DE DEUS

A CRISE É UMA ENCRUZILHADA, uma bifurcação na rota da vida. Podemos fazer dela uma porta para os horizontes largos do triunfo, ou podemos descer através dela aos vales mais sombrios do fracasso. A crise pode ser a porta da esperança ou o calabouço do desespero. A crise eleva alguns e abate outros.

A diferença entre um vencedor e um perdedor não está na crise, mas em como cada um a enfrenta. A grandeza de um homem está no fato de que, quando todos estão colocando os pés na estrada do fracasso, ele vislumbra o chão do progresso. O vencedor é um visionário. Ele vê o que ninguém consegue contemplar. Enxerga por sobre os ombros dos gigantes. Quando todos estão mergulhados no problema, ele está contemplando a solução.

Foi assim com Neemias. A cidade de Jerusalém estava debaixo de escombros há mais de cem anos. Todos olhavam aquela cena e não vislumbravam uma saída. Havia miséria e vergonha. Os muros estavam quebrados, e as portas, queimadas a fogo. Ao redor, os inimigos de Israel festejam a derrocada da cidade de Jerusalém. Neemias, porém, fez um diagnóstico da situação, conclamou o povo ao trabalho, e em 52 dias os muros da cidade estavam reerguidos, e a vitória foi celebrada. Aquele que triunfa diante das dificuldades nunca é unanimidade. A unanimidade é burra. Ela sempre capitula diante das crises. Todo o arraial de Israel chorou, desesperado, com medo de lutar contra os gigantes e também de não tomar posse da terra prometida. Somente Josué e Calebe tiveram uma visão otimista. Todo o povo pereceu no deserto; só os dois visionários entraram na terra que manava leite e mel.

Os exércitos de Israel durante quarenta dias, de manhã e à tarde, ouviram as afrontas do gigante Golias e, empapuçados de medo, bateram em retirada covardemente. Davi, como voz solitária, dispôs-se a enfrentar o gigante. Mesmo tendo de suportar o escárnio do seu irmão Eliabe e a incredulidade do rei Saul, fez o gigante dobrar-se diante da sua coragem, triunfando sobre o herói dos filisteus. Davi derrubou o gigante e o matou. Mais tarde, o mesmo Davi viveu outra situação dramática. Ziclague, sua cidade de refúgio, tinha sido saqueada e incendiada pelos amalequitas. Seus bens foram roubados; suas mulheres, seus filhos e suas filhas foram levados cativos. O mesmo aconteceu com os seus seiscentos homens de confiança. Quando Davi e seus homens chegaram e viram a cidade em escombros e ainda fumegante, os homens se revoltaram contra Davi e quiseram apedrejá-lo. Além da perda pessoal, Davi ainda enfrentou a ira de seus homens. Davi chorou e angustiou-se enquanto os amalequitas festejavam com os ricos espólios. No meio dessa crise avassaladora, Davi emergiu com um arroubo de solitária esperança; ele se reanimou no Senhor, seu Deus, e começou a orar pedindo a direção divina. Levantou-se da oração e, sob a orientação de Deus, empunhou bravamente as armas e liderou os seus homens em vitorioso combate. Tomou de volta tudo aquilo que o inimigo havia saqueado. Saiu da crise mais fortalecido, fazendo dela uma ponte para vitórias mais retumbantes.

Isaque também está enfrentando uma crise. E não é uma crise pequena. A fome assola a sua terra. Seu país vive o drama do empobrecimento coletivo. A esperança do povo está morta. Os sonhos, destruídos. Há uma inquietação no ar, um rumor entre as famílias. O gado geme de fome. O útero fecundo da terra parece estéril. As sementes que nela são depositadas perecem antes mesmo de dar aceno de vida. A seca, assassina de sonhos, prevalece em seu país. A chuva é retida. O sol castiga. Os agricultores não se aventuram a depositar no ventre da terra a semente da esperança. Reina um desespero generalizado. As fontes estão secando. Os ribeiros estão se tornando leitos de morte, e não condutores de vida. As cabras montesinas bramam, sedentas. O povo aflito vê a despensa se esvaziando e as crianças gemendo e clamando por pão. Aquele estava sendo um tempo amargo, de fome, de escassez, de vacas magras, recessão, desequilíbrio, desemprego e contenção drástica de despesas.

O que fazer na hora em que você se vê encurralado pela crise? Que decisão tomar quando todas as estradas de escape parecem cheias de barricadas? Muitos nessa hora perdem a cabeça, cometendo grandes loucuras. Outros se revoltam contra Deus, culpando-o por todas as desventuras. Outros, ainda, petrificados, assistem passivos à dolorosa marcha da crise, aceitando inertes a decretação da derrota.

Isaque, porém, não ficou parado, assistindo passivamente ao agravamento da situação. Ele se mexeu. Não ficou lamentando, queixoso, os reveses da vida. Ele saiu, se moveu. Fez alguma coisa. O seu problema não era simples. Era uma questão vital. Não havia água. Tratava-se de uma questão de sobrevivência, de vida ou morte.

Talvez, enquanto lê estas páginas iniciais, você se dê conta de que também está enfrentando um problema aparentemente insolúvel. É o casamento que virou um deserto, de onde só brotam os cactos venenosos da amargura. É o diálogo com os filhos que secou, como a terra de Isaque. É o salário que está minguando como os ribeiros em tempo de seca. É a saúde que está ameaçada por uma doença implacável. É a empresa que está emperrada e não consegue deslanchar. É o sonho de entrar na universidade que está cada vez mais distante. É a decepção de um amor não correspondido. Talvez, como Isaque, todas as noites você olhe para o horizonte, na esperança de ver a chegada de uma chuva restauradora que faça reverdecer o deserto da sua vida. Talvez você já tenha semeado várias vezes no solo tórrido e seco da sua família, vendo, com tristeza, todas as sementes mirrarem no útero da terra. Talvez você tenha investido toda a sua esperança em um negócio, mas a chuva da prosperidade foi retida e a safra de seus investimentos, perdida. Talvez você tenha recebido um diagnóstico sombrio do seu médico, dizendo que a medicina não lhe oferece nenhuma esperança de cura. Talvez alguém amado do seu coração esteja enfrentando uma grave enfermidade e aos poucos você vê essa pessoa escapando dos seus braços.

No ano 2000, eu passei por lutas tremendas. Meu irmão Laurentino foi acometido por um câncer devastador no pulmão e na coluna. Ele sentia dores terríveis que nem mesmo a morfina conseguia aplacar. Seu corpo foi surrado pela doença. Seu vigor se debilitava a cada dia. O sorriso de seus lábios foi trocado pelos gemidos pungentes de uma dor inconsolável. Seu corpo tombou vencido pela doença depois de uma luta audaciosa. No dia 25 de fevereiro daquele ano, ele fez sua última viagem, rumo à eternidade. Vinte e um dias depois, quando o meu coração ainda padecia a dor dessa separação, fui surpreendido pela morte súbita de Gelson, meu irmão primogênito, vitimado por um infarto fulminante. Oh, como dói a dor do luto! Como a morte, o último inimigo a ser vencido, ainda arranca lágrimas dos nossos olhos! Não é fácil lidar com a dor. Nossos sonhos chocam-se contra muralhas de concreto. Nossos planos escorrem como água entre os nossos dedos. Nossas previsões entram em colapso. Estamos no meio do deserto onde nosso olhar se perde em miragens enganadoras, onde nossos passos cambaleantes parecem coxear, onde a morte procura dar a última palavra.

O grande perigo na encruzilhada da crise é tomar a direção errada. Isaque queria ir para o Egito, lugar de fartura, riqueza e segurança. Ele foi tentado a buscar uma solução rápida, fácil e indolor. Ele queria fugir da crise, e não enfrentá-la. É mais fácil andar na estrada da fuga que sobreviver no deserto. É mais fácil colocar a mochila nas costas e ser um peregrino em terra estranha que semear no deserto. Poucos são os que se dispõem a enfrentar e vencer os gigantes da crise. Poucos são os que agarram os problemas pelo pescoço e triunfam na hora das dificuldades. Só os desbravadores, os idealistas e os sonhadores destemidos conseguem prosperar no deserto.

O pessimismo é uma doença contagiosa. O ar está poluído por uma densa nuvem de descrença. A mídia despeja todos os dias no porão da nossa mente cansada uma enxurrada de informações arrancadas dos abismos mais profundos das tragédias humanas. Os arautos do caos embocam suas trombetas. Os profetas do pessimismo se multiplicam aos milhares. A cada dia vemos o coro dos céticos engrossando suas fileiras.

 Nesse tempo pardacento, em que a crise se instalou em todos os segmentos da sociedade, desde os palácios dos governos até a choupana mais pobre, é necessário que alguém se levante para enfrentar com bravura a crise. É no vácuo da crise que os grandes líderes são formados. Os carvalhos resistem às grandes tempestades.

 A crise pode tirar a cera dos ouvidos da alma. A crise pode ser uma janela aberta do céu. A crise do homem pode ser o tempo oportuno de Deus.

 Hagar perambulava no deserto com o seu filho Ismael. Com a mochila nas costas, deixaram para trás as marcas profundas do desprezo. O cantil estava vazio. A sede perversa os agredia implacavelmente. O deserto abrasador se impunha à sua frente. Estavam sem rumo, sem direção, com sede e sem água. Hagar pensou ter chegado ao fim da linha. Seu filho desidratado, sem forças, já não conseguia mais caminhar. Todas as esperanças de sobrevivência estavam sepultadas naquele terrível deserto. Não suportando mais ver o sofrimento agônico do filho, Hagar o colocou perto de um arbusto e afastou-se para chorar. Era o fim. A crise tinha chegado ao seu apogeu. Nada mais restava senão a morte iminente.

Contudo, quando todos os recursos de Hagar se esgotaram, do céu soou uma voz de esperança. No silêncio do deserto, Deus instruiu Hagar a não desistir do filho, pois o seu futuro seria glorioso. Das entranhas do deserto abrasador, Deus abriu uma fonte de água que começou a jorrar. Hagar e Ismael puderam beber a largos sorvos.

Um milagre aconteceu no deserto da crise. A crise foi um divisor de águas na vida deles. Foi ali que eles ouviram a voz de Deus, e a vida deles foi mudada para sempre.

É no fragor da crise que ouvimos a voz de Deus: "Não desça ao Egito". O Egito foi palco de perigo para Abraão, o pai de Isaque. O Egito oferecia uma solução imediata, uma riqueza fácil, mas era um laço para Isaque. Deus exortou-o a recusar a imediata abundância do Egito por bênçãos invisíveis (Gênesis 26:3) e mais remotas (Gênesis 26:3,4). Muitas pessoas fracassam na vida exatamente porque na crise deixam de atender à voz de Deus e descem para o Egito, onde negociam seus valores absolutos, transigem com sua consciência e tapam os ouvidos para não atenderem à voz de Deus. Trocam as bênçãos eternas pelas vantagens terrenas. Trocam as venturas do céu pelos prazeres transitórios do pecado.

O neto de Isaque, José, foi tentado no Egito a cair nos braços de uma mulher sedutora. Era a sua patroa, tinha direitos sobre ele e devia ser uma mulher elegante e atraente. Ela pôs os olhos nele e todos os dias tentava levá-lo para a cama. José era jovem, bonito e inteligente. Longe do pai e dos irmãos, vivia a plenitude do seu vigor físico. Estava em um país muito distante das pessoas que conheciam os seus valores morais. Depois que todas as armas da sedução foram usadas, a mulher de Potifar usou a força e agarrou José. O palco para a queda desse jovem hebreu estava montado. Mas ele fugiu dos braços da sedutora. Preferiu ir para a prisão a viver aprisionado pelo pecado. Preferiu a privação do cárcere à liberdade do adultério. Preferiu sofrer as consequências como inocente a ser honrado como culpado. Preferiu ouvir a voz de Deus à de uma mulher com cheiro de pecado.

Devemos estar com os ouvidos atentos aos tempos de crise. É justamente nesses períodos que temos as maiores experiências com Deus. Quando todas as soluções da terra entram em colapso, o céu aponta o rumo a seguir. O trono de Deus não enfrenta crise. Os propósitos de Deus não podem ser frustrados. As catástrofes da História não desestabilizam o governo de Deus. As tragédias humanas não fazem sucumbir os planos divinos. Os problemas que vivemos são instrumentos pedagógicos para nos aperfeiçoar em santidade, e não fatos acionados pela mão do acaso, para nos destruir.

Quando os discípulos de Cristo atravessaram o mar da Galileia, por ordem do próprio Senhor, enfrentaram uma súbita e terrível tempestade. Durante várias horas travaram uma luta renhida para não serem tragados pelo temporal. Só na quarta vigília da noite Jesus foi ao encontro deles. Jesus, porém, apareceu de forma estranha e misteriosa: andando sobre as ondas. O que o Senhor queria mostrar aos discípulos é que os problemas que conspiravam contra eles estavam literalmente debaixo dos seus pés. Aquilo que nos ameaça está rigorosamente sob o controle soberano de Cristo. A crise chega não para nos destruir, mas para nos colocar mais perto de Cristo. Ao ver o mar sossegando, os discípulos ficaram admirados e adoraram o Senhor. Os ventos da crise sibilam para que o trigal de Deus se dobre. Só o joio não se curva. A mesma crise que levanta uns, abate outros.

2

No deserto da crise...

PRECISAMOS NOS VOLTAR PARA AS PROMESSAS DA PALAVRA DE DEUS

Gerar foi o lugar que Isaque nasceu. Deus irrompe na sua história e lhe diz: "Não fuja, floresça onde você está plantado. Não corra dos problemas. Enfrente-os. Vença-os".

Quando somos atingidos por uma crise e estamos no meio de um deserto, somos tomados pela ansiedade e perguntamos: O que será do meu futuro? Como conseguirei sobreviver quando todos estão fracassando? Como poderei superar o desânimo? O que será da minha família? Qual será o futuro dos meus filhos? Como poderei ser próspero vivendo num deserto? E se eu perder o emprego? Onde os meus filhos vão estudar? Se eu ficar doente? Se eu não puder pagar o plano de saúde?

Mas Deus acalma o coração de Isaque, dizendo-lhe: "Calma! Eu estou com você. Calma! Eu tomo conta da sua descendência. Calma! Seu futuro está nas minhas mãos. Calma! Farei de você e da sua descendência uma bênção para o mundo".

Diante de tantas inquietações, tantas perguntas perturbadoras e tantos exemplos de fracasso à sua volta, somente a voz e as promessas de Deus podiam trazer alento para Isaque. Parece que todas as vozes da terra anunciavam a falência dos sonhos. Isaque precisava alimentar-se das promessas de Deus, precisava beber o leite genuíno da verdade que jorra dos mananciais de Deus. Quais foram as promessas que como ribeiros regaram a alma desse peregrino?

1. UMA PRESENÇA CONSOLADORA

Deus diz a Isaque: *Fica na terra que eu te disser; habita nela, e serei contigo* (Gênesis 26:2,3). Quando a crise bate à porta da nossa vida, a primeira coisa que perdemos é a consciência da presença de Deus. Quando somos encurralados por circunstâncias adversas, tendemos a achar que Deus nos desamparou. Por isso, a primeira palavra de encorajamento que Deus dá a Isaque é a garantia da sua presença com ele.

A promessa é sustentada mediante a obediência. Quando nos dispomos a andar segundo a direção de Deus, ele caminha conosco. Quando Deus está ao nosso lado, somos invencíveis. Quando Deus se agrada de nós, podemos alcançar grandes conquistas.

Moisés entendeu essa verdade e disse que, se Deus não fosse com ele, sua liderança estava fadada ao fracasso. A desobediência do povo de Israel afastou a presença de Deus do arraial. Pela desobediência de Sansão, o Espírito de Deus afastou-se dele. Porque Saul transgrediu os mandamentos de Deus, o Senhor o deixou. Na verdade, a malignidade do pecado se deve ao fato de que ele nos separa de Deus. O Senhor é luz, e aquele que diz ter comunhão com ele e anda nas trevas está mentindo.

Quando Israel prevaricou contra o Senhor, a glória de Deus deixou o santuário, depois deixou a cidade de Jerusalém e então o povo caiu nas mãos da Babilônia. É a presença de Deus que nos dá a vitória. É a coluna de nuvem durante o dia e a coluna de fogo à noite que inibem e neutralizam o poder do adversário contra nós.

Israel caiu nas mãos dos filisteus, e trinta mil homens foram passados ao fio da espada porque a glória de Israel, a presença de Deus, se apartara do povo.

Paulo, o grande intérprete do cristianismo, entendeu essa verdade magna quando perguntou: *Se Deus é por nós, quem será contra nós?* (Rm 8:31). O contrário é profundamente trágico: "Se Deus for contra nós, quem será por nós?"

Se Deus não estiver conosco, só nos resta sofrer a amarga derrota. Foi isso o que Deus disse a Josué, quando o povo prevaricou quebrando a sua aliança, depois da fatídica derrota em Ai. O Senhor disse que não seria com o povo enquanto houvesse no meio deles coisas contaminadas.

O segredo da vitória na crise é peregrinar na terra em obediência a Deus. Andar sob a direção do céu é caminhar seguro. Estar no centro da vontade de Deus é triunfar nas horas de incertezas. O lugar mais seguro para se estar, ainda que em perigo, é no centro da vontade de Deus. O lugar mais seguro fora do centro da vontade de Deus é terreno escorregadio. Quando o Senhor caminha conosco, sempre chegamos ao porto desejado. Quando temos consciência da presença de Deus conosco, passamos pelas águas, pelos rios e até pelo fogo sem nos intimidar. O que dava confiança para Davi passar pelo vale da sombra da morte era a presença de Deus. Quando vivemos em obediência, mesmo na fornalha ardente das provações mais amargas contamos com a presença do Senhor caminhando conosco.

    O grande elemento encorajador que Jesus deu aos discípulos para que fossem até os confins da terra pregando o evangelho era a promessa de que estaria com eles todos os dias. O Senhor conhece a nossa carência de companhia. Ele sabe a tendência que temos para a solidão. Ele é o amigo de caminhada, que não nos deixa sozinhos. Quando achamos que perdemos as pegadas do Senhor na estrada da vida, ele, nesse momento, está nos carregando no colo.

    A presença de Deus é refúgio. Ela traz consolo. Quando ele está conosco, saltamos muralhas, vencemos gigantes, desafiamos o perigo, conquistamos fortalezas, arrombamos as portas do inferno e drapejamos a bandeira da vitória. Quando temos consciência de que o Senhor está conosco, somos encorajados a semear no deserto. Quando a bênção do Senhor está sobre nós, o deserto da morte torna-se cenário de vida. A crise acaba, e podemos prosperar no deserto.

2. UMA BÊNÇÃO ESPECIAL

O deserto é um problema para nós, e não para Deus. A crise pode desestabilizar os governos da terra, mas não o trono do Senhor. O deserto pode ser o palco da prosperidade porque Deus transforma desertos em pomares. Ele faz arrebentar rios no ermo. Faz brotar água da rocha e também faz o deserto florescer. Ele converte os nossos vales áridos em mananciais, e as nossas tragédias, em degraus, para subirmos a alturas mais elevadas. A bênção prometida a Isaque não foi algo vago, difuso, inverificável. Podia ser medida, calculada, aferida.

Primeiro Deus prometeu a ele e à sua descendência a posse de todas aquelas terras. Isaque deixaria de ser um peregrino para ser o donatário. Cabia-lhe generosa herança. Deus empenhou a sua palavra em cumprimento à aliança feita com Abraão, pai de Isaque.

Deus é fiel para cumprir o que promete. Nenhuma de suas palavras cai por terra. Aquela terra mais tarde precisou ser conquistada palmo a palmo.

Gigantes tiveram de ser desalojados. A terra prometida a Isaque é um símbolo da Canaã celestial. Também nós temos a promessa de uma terra que mana leite e mel. Essa terra nos foi dada, mas precisamos conquistá-la. A vida eterna é nossa herança, mas precisamos tomar posse dela.

Depois, Deus prometeu a Isaque multiplicar a sua descendência. Isaque casou-se aos 40 anos de idade. Sua mulher passou vinte anos sem poder ter filhos. Rebeca era estéril. Isaque orou por ela todo esse tempo. Quando Rebeca concebeu, havia em seu ventre duas nações. Esaú foi o pai dos edomitas, e Jacó o pai dos israelitas. De Jacó surgiram as doze tribos que formaram a nação de Israel. Da tribo de Judá veio o Messias, o Salvador do mundo.

A grande descendência prometida por Deus não era formada simplesmente por aqueles que tinham a sua herança genética. Deus estava falando de uma descendência espiritual. Estava falando sobre todos aqueles que creriam no Salvador em todo o mundo. Essa descendência é imensa. Está espalhada em todas as tribos e nações da terra.

Por último, Deus prometeu a Isaque que, em sua descendência, todas as famílias da terra seriam abençoadas. Os filhos de Israel foram os instrumentos que Deus levantou para trazer ao mundo a revelação especial de Deus. A eles foram confiados os oráculos divinos. Eles deveriam ser luz para as nações. O mundo deveria conhecer o Deus vivo através dos filhos de Israel. Também dos judeus veio o Messias, o Salvador do mundo. Os descendentes de Isaque, longe de perecer naquela crise medonha, foram os condutores da esperança para o mundo. Todas as nações da terra foram aspergidas pela bendita influência da semente de Isaque.

A igreja é abençoada para ser portadora de bênção, e a bênção não pode ser retida. Não somos apenas receptáculos da bênção, mas canais. Não somos um mar Morto, mas um rio Jordão. Quem guarda as bênçãos só para si torna-se insalubre como águas mortas.

3. UM COMPROMISSO DE FIDELIDADE

Isaque foi abençoado em virtude da obediência de seu pai. Abraão andou com Deus em fidelidade, e sua descendência colheu os frutos benditos dessa relação. Por amor a Abraão, Deus abençoou seu filho Isaque.

Também somos filhos de Abraão, nós que cremos em Jesus. Também somos abençoados em virtude da fidelidade desse grande patriarca da fé. A bênção de Deus rompe a barreira do tempo, transpõe séculos e milênios. Ele se lembra da sua misericórdia até mil gerações daqueles que o amam. Nenhuma das promessas de Deus cai por terra. Ele tem zelo pelo cumprimento de sua palavra.

Andar com Deus é o maior investimento que podemos fazer na vida. Não há projeção para o futuro mais compensadora do que ser fiel a Deus hoje. Não há herança mais bendita a deixar para os filhos do que andar com Deus.

Os céus foram obsequiosos com Isaque por causa da fidelidade e obediência de seu pai. Abraão foi um abençoador. A influência benéfica da sua vida não pode ser medida. E vemos Isaque recebendo promessas tremendas de prosperidade e influência espiritual no mundo inteiro em virtude da maneira como seu pai levou Deus a sério.

Em outra ocasião Ló foi poupado da destruição de Sodoma e Gomorra em razão da intercessão de Abraão. Deus lembrou-se de Abraão e tirou Ló do epicentro de uma avassaladora tragédia.

Isaque tem lastro espiritual. Tem raízes. Tem passado. A história do seu pai foi um feixe de luz a direcionar a sua caminhada. A bênção do céu fluía sobre ele porque no passado seu pai havia andado com Deus. Ele estava colhendo os frutos da semeadura de seu pai. Isaque pôde enfrentar o deserto da crise porque, ao olhar para o passado, via o exemplo de seu pai e, ao olhar para o céu, via a fidelidade de Deus.

3

No deserto da crise...

PRECISAMOS OBEDECER A DEUS SEM RACIONALIZAÇÕES

A CRISE É UM TEMPO de oportunidade. As grandes lições da vida são aprendidas no vale. O deserto é o cemitério dos covardes e incrédulos, mas também é o campo de semeadura e treinamento para os que confiam nas promessas de Deus. É no deserto que as máscaras caem. O deserto não é lugar para atores. Os hipócritas não sobrevivem no deserto. Os lobos acabam colocando as unhas de fora. A crise é o crivo que separa o joio do trigo. É no cadinho que o ouro se distingue da escória. Só na tempestade ficamos sabendo se a casa foi construída sobre a rocha ou sobre a areia.

Deus levou o povo de Israel para o deserto para saber o que estava no seu coração (Deuteronômio 8:2). O deserto diagnostica os desígnios do coração, as motivações profundas da alma. Obedecer quando tudo está bem não é difícil. Crer em Deus em tempos de prosperidade é fácil. Dar testemunho da fidelidade de Deus quando as chuvas de bênçãos do céu estão caindo generosamente sobre nós não é difícil. Somos chamados a obedecer em tempos de crise. Somos convocados a crer mesmo que o cenário à nossa volta esteja desolado como um deserto. Os amigos de Daniel na Babilônia ousaram confiar em Deus não por aquilo que o Senhor fazia, mas em razão de quem Deus era. Eles estavam prontos a ir para a fornalha de fogo ardente, mesmo que o Senhor *não* quisesse livrá-los do fogo. A fidelidade a Deus independe das circunstâncias. Daniel preferiu a morte na cova dos leões a transigir com sua consciência. José do Egito preferiu a prisão ao adultério. João Batista estava pronto a perder a cabeça, mas não a integridade do seu ministério.

Isaque também é convocado a obedecer a Deus no estrondo da crise. O Senhor tem duas ordens para ele. Primeira: *Não desças ao Egito* (Gênesis 26:2). Não fuja do problema. Não busque soluções fáceis. Não deponha as armas. Não corra do perigo. Não negocie seus valores absolutos. Não desista de seus sonhos. Não deixe de esperar um milagre. A segunda ordem foi positiva: *Fica na terra que eu te disser* (Gênesis 26:2). Floresça onde você está plantado. A solução do problema não está em mudar de lugar, mas em mudar de atitude. Agarre a crise pelo pescoço. Enfrente o seu gigante. Prospere no seu deserto. Invista em *tempos* de crise. Creia em Deus quando todos estão batendo em retirada. Não desanime, continue esperando.

Isaque não discute, não questiona, não racionaliza, não duvida. Ele obedece prontamente, pacientemente (Gênesis 26:6). Deus o manda ficar, e ele fica. Deus dá uma ordem, e ele obedece. A obediência imediata abriu-lhe a porta da esperança. Ele prosperou naquela terra. Ali ele viu milagres extraordinários acontecendo. O nosso triunfo é resultado da nossa confiança em Deus. É ele quem transforma desertos em pomares e fracassos em vitórias. É ele quem faz dos nossos vales verdadeiros mananciais.

Muitos transformam os desertos da vida em campos de murmuração. Outros ficam empapuçados de amargura contra Deus ao enfrentarem as privações naturais do deserto. Há aqueles que perdem a paciência e querem botar logo os pés na estrada que desce ao Egito. Há ainda os que acham que o melhor é morrer no deserto. São aqueles que se entregam à autopiedade. São fracos, covardes, incrédulos. Só enxergam os problemas, sem divisar soluções. Só veem os gigantes, mas não a onipotente mão de Deus. Perecem no deserto e não conseguem entrar na terra prometida.

Mais do que nunca precisamos de pessoas que tenham a visão do farol alto. Gente que enxerga por sobre os ombros dos gigantes, que não desanima ao sinal da primeira dificuldade, que não entrega os pontos nem joga a toalha, fugindo do combate. Enfim, gente que anda pela fé, e não pelo que vê. Os visionários caminham quando todos estão parados. Os vencedores são aqueles que não vivem choramingando por causa da crise nem colocando a culpa no sistema, mas semeiam no deserto e colhem a cento por um.

O mundo está carente de homens e mulheres que ousam crer em Deus em tempos de crise, pessoas como o profeta Habacuque, que se alegram em Deus mesmo no vale mais sombrio da História. As pessoas que triunfam na vida fazem do deserto um campo de semeadura, e da crise, uma oportunidade.

Isaque aprendeu a obedecer e a confiar em Deus com o seu pai, Abraão. Deus apareceu a Abraão e lhe disse: "Sai da sua terra e do meio da sua parentela", e ele saiu. Mais tarde, Deus lhe disse: "Abraão, vá ao monte Moriá". E ele foi. E ainda: "Abraão, ofereça o seu filho, o filho da promessa, em sacrifício". E ele ofereceu. Finalmente, Deus disse: "Abraão, não estenda a sua mão sobre o menino". E Abraão prontamente obedeceu.

O caminho da obediência é a estrada da bênção. Deus providenciou um cordeiro substituto e deu à humanidade o mais eloquente símbolo da entrega do seu Filho na cruz, como o nosso redentor. O ponto culminante na vida de Abraão foi sua disposição em obedecer diligentemente às ordens de Deus e colocar no altar o seu amado filho Isaque. Por sua obediência, ele ficou conhecido como o pai da fé. Por sua obediência, ele se tornou uma bênção para todas as famílias da terra.

Obedecer, para Isaque, significou ficar em Gerar, lugar de crise. Obedecer, para Abraão, significou abrir mão do seu próprio filho amado. Obedecer, para José, significou estar disposto a ir para a prisão. Obedecer, para Moisés, significou abdicar dos tesouros do Egito. Obedecer, para Daniel, significou descer à cova dos leões. Obedecer, para Paulo, significou ir para a guilhotina. Muitos mártires foram torturados por amor a Cristo, preferindo a morte à desobediência.

O pastor David (Paul) Yong Cho conta a história de um pastor preso pelos soldados comunistas na cidade de Inchon, na época da invasão comunista na Coreia. Os soldados prenderam o pastor e ameaçaram matá-lo caso não negasse Jesus. Com bravura, o ele reafirmou sua fidelidade ao Senhor Jesus a despeito das ameaças. Os soldados, irados, ameaçaram sepultá-lo vivo com a sua família caso eles não renegassem a sua fé. O pastor e sua família preferiram o martírio à apostasia. Foi aberta, então, uma grande cova e jogaram lá dentro o pastor e sua família. Começaram a jogar terra e a soterrar a família piedosa. Quando a terra já estava quase sufocando todos, um filho gritou desesperado: "Papai, pense em nós, papai! Pense em nós!" O pai, aflito, começou a chorar, mas a sua esposa, cheia de fervor, gritou para os filhos: "Coragem, meus filhos, vocês não sabem que hoje à noite nós vamos jantar com o Rei dos reis e Senhor dos senhores?" Depois de encorajá-los a ser fiéis até a morte, começou a cantar um hino sobre o céu: "Eu avisto uma terra feliz, uma terra de glória e fulgor. Avistamos o lindo país, pela fé na palavra de Deus. Sim, no doce porvir, viveremos no lindo país. Sim, no doce porvir, viveremos no lindo país". Cantaram com entusiasmo até que suas vozes foram silenciadas debaixo dos escombros. A obediência daquela família levou-os ao caminho estreito do martírio, mas no fim dessa estrada estava a glória excelsa de Deus. A multidão que assistiu a esse doloroso martírio ficou profundamente comovida e dezenas de pessoas se converteram e foram salvas por esse testemunho.

Obedecer a Deus não é pisar tapetes aveludados nem habitar nos palácios da opulência material. Muitas vezes o fulgor da riqueza é visto na vida daqueles que estão na contramão da vontade de Deus. Asafe entrou em crise ao ver o ímpio prosperar. Ele estava com o seu coração azedando ao ver que a sua piedade não o poupava das terríveis aflições. Mas, depois que as escamas caíram dos seus olhos, ele enxergou que o caminho largo das concessões desemboca em um abismo de trevas. Entretanto, o caminho estreito da obediência, tantas vezes juncado de espinhos, conduz ao triunfo e à glória.

4

No deserto da crise...

PRECISAMOS SABER QUE A TENTAÇÃO VEM DEPOIS DE UMA GRANDE BÊNÇÃO

Os grandes homens têm também os pés de barro. Uma grande vitória hoje não é garantia de sucesso amanhã. Não há um tempo mais perigoso e vulnerável na vida de uma pessoa do que depois de uma grande vitória. A tendência é o relaxamento depois de uma grande luta. O triunfo em uma luta pode fazer-nos baixar a guarda e ensarilhar as armas.

A tentação tem diversos ângulos. Às vezes a pessoa é cuidadosa em uma área, mas não vigia em outra. Muitas pessoas são honestas no trato com o dinheiro, mas são vulneráveis na área do sexo. Outras são zelosas quando se trata de sexo, mas relapsas quando se trata de lidar com o dinheiro. Há os que são vulneráveis à sede de poder. Existem pessoas confiáveis nos negócios, mas pervertidas moralmente.

Ouvi certa vez a história de um homem que saiu com uma mulher para fazer um lanche. Pediram o lanche ao atendente e foram a um parque onde pretendiam degustar o delicioso cardápio. Logo que desembrulharam o pacote, descobriram que era um maço de dinheiro. O dono da lanchonete equivocou-se. Entregou o dinheiro que deveria ir para o banco pensando ser o lanche. Ao perceber o engano, o homem imediatamente voltou à lanchonete para devolver o dinheiro. O dono do estabelecimento já estava aflito, angustiado com o seu engano. Quando recebeu o dinheiro, exultou de alegria e disse: "Esse fato precisa ser registrado. Ainda existem homens honestos. A nossa cidade precisa tomar conhecimento da sua honestidade. Chamarei um repórter. Tiraremos uma fotografia do casal e contaremos essa história de honestidade a todos". O homem, porém, recusou terminantemente a proposta, dizendo que a mulher que o acompanhava não era a sua esposa, e que ninguém deveria saber desse fato. O homem era confiável em uma área, mas vulnerável e falho na outra.

    O mesmo Isaque que já tinha uma longa caminhada com Deus, que já ouvira Deus falar com ele e que estava pronto a obedecer a Deus comete agora um sério deslize moral. Ele, que já passara por provas mais difíceis, agora naufraga em uma prova menor. Depois de triunfar sobre a inexpugnável cidade de Jericó, Israel foi derrotado pela pequena cidade de Ai. Davi venceu um leão, matou um urso e derrubou um gigante, mas caiu na teia da impureza. Sansão foi capaz de matar mil filisteus com uma queixada de jumento, mas se deixou derrotar no colo de uma mulher filisteia. O grande intérprete do cristianismo, o apóstolo Paulo, chegou mesmo a afirmar que, quando somos fortes, somos fracos. Quando, porém, reconhecemos nossas limitações e passamos a confiar em Deus e a vigiar com mais cuidado, somos fortes.

Isaque tem medo de apresentar sua mulher como esposa. Pensando em se proteger, ele a expõe. Para salvar sua pele, ele coloca a própria mulher em perigo. Isaque cometeu três delitos graves.

1. MENTIRA

Isaque afirma que Rebeca é sua irmã. Ele nega o mais estreito dos vínculos entre duas pessoas: o casamento. E assim coloca sua mulher em uma situação extremamente complicada. Isaque desrespeitou sua esposa. Agiu insensatamente.

Jogou a sua mulher na arena da cobiça. Ele a empurrou para o campo da sedução e a expôs na vitrine do desejo. Rebeca era bonita e poderia ser desejada. Em momento algum pensou nos sentimentos da esposa, no caráter dela, na aliança que um dia firmara para amá-la e protegê-la. Só pensou em si. Agiu egoisticamente.

Mas a mentira tem pernas curtas. O pecado do homem o apanha. A mentira contada tornou-se mentira descoberta (Gênesis 26:7-9). O rei dos filisteus pegou Isaque em flagrante. Ele o viu acariciando Rebeca. Ele chamou Isaque e lhe passou um sermão. O patriarca se tornara repreensível. O homem de Deus fracassou na área conjugal. Aquele que tinha ouvido a voz de Deus abre a boca para mentir. Aquele que obedecia ao altíssimo agora deixa de confiar no seu livramento e procura tomar os destinos da vida nas próprias mãos. As máscaras caem. A farsa acaba. Ele não pode mais representar. Sua vida vinha sendo uma encenação. Ele havia perdido a autenticidade. Era uma coisa em casa e outra fora dos portões. Marido dentro do quarto, irmão na rua.

Um dos grandes perigos de usar máscaras é que elas podem cair a qualquer hora. Muitas vezes as máscaras caem nas horas mais inesperadas. Ouvi certa feita uma história que retrata bem essa situação. Um homem acabara de sair da faculdade, formado em direito. Montou um belo e requintado escritório de advocacia. Os móveis eram muito bonitos. A ornamentação, da última moda. Ia todos os dias para o escritório impecavelmente trajado. Só havia um problema. Ele não tinha ainda nenhum cliente. Certo dia, porém, entrou em sua sala o primeiro cliente. Imediatamente o advogado pegou o telefone e começou uma conversa empolgada, aparentando discutir uma grande causa jurídica envolvendo muito dinheiro. Queria na verdade impressionar o cliente que estava bem à sua frente. Quando terminou a conversa ao telefone, virou-se para o homem que o aguardava pacientemente e disse-lhe: "Pois não, estou às suas ordens". O homem então lhe falou: "Eu sou funcionário da empresa telefônica e vim ligar o seu telefone, pois ainda não está funcionando".

A vida não é um teatro. Viver com máscaras não é seguro. A mentira descoberta torna-se mentira reprovada (Gênesis 26:10,11). Abimeleque repreende severamente a Isaque. Um ímpio chama a atenção de um servo de Deus. Isaque havia feito um grande mal a si, à esposa e ao povo filisteu. Seu ato precipitado e sem fé era uma loucura consumada. Ele foi irresponsável. Jogou sua mulher no mercado da cobiça. Colocou-a no balcão dos desejos. Abriu as portas para que uma cunha de infidelidade entrasse em seu casamento.

A mentira tem um grande poder de destruição. Pode devastar um casamento, arruinar uma família e desestabilizar um relacionamento. Onde a verdade é sacrificada não floresce a confiança.

Os valores morais de Abimeleque são mais sólidos que os de Isaque. Aquele entende que o adultério e a infidelidade conjugal trazem grandes males à sociedade. Isaque, porém, não consegue ver as terríveis consequências do seu ato insano e covarde. Seu padrão moral está frouxo. Seus marcos foram arrancados, suas balizas estão fora de lugar. Abimeleque toma uma decisão radical para reparar a loucura de Isaque (Gênesis 26:11). O rei filisteu chama a atenção do patriarca e exorta severamente os seus súditos para que aquele casamento não seja abalado.

2. EGOÍSMO

A maioria dos fracassos na área sexual é fruto do egoísmo. O egoísmo é responsável, em grande parte, pelos casamentos desfeitos. Egoísmo é pensar só em si, no seu próprio bem-estar, no seu conforto, no seu prazer, sem levar o outro em conta. Egoísmo é entrar numa relação apenas com uma perspectiva utilitarista. É fazer do outro um meio, um objeto, um instrumento para satisfazer seus caprichos. É usar e abusar do outro sem se importar com a sua dignidade. O amor não é centralizado no eu. Não busca os seus próprios interesses. Isaque fez de um dote de sua esposa, a beleza, um instrumento para a sua queda. Ele preferiu partilhar sua mulher com outro homem a correr riscos. Sua mentira era uma negação do seu amor. Sua dissimulação era o oposto do seu romantismo. Ele acaricia a esposa e faz juras de amor no recesso do quarto, mas em público nega o compromisso firmado com ela. Sua covardia é maior do que o seu amor. Seu egoísmo silencia todas as vozes do seu puro sentimento romântico.

Muitos casamentos fracassam ainda hoje por causa do egoísmo. Há cônjuges que só conseguem ter intimidade na cama, mas não expressam mais a harmonia conjugal nas suas palavras e atitudes diárias. Vivem uma duplicidade na qual mantêm apenas as aparências. Cada um se fecha no seu mundo. Parece-nos que essa semente maldita não morreu no casamento de Isaque e Rebeca. Depois de velhos, eles não conseguem dialogar. Os desejos de Isaque não são compartilhados com a esposa, mas com o filho mais velho. Rebeca, por sua vez, faz de Jacó, seu filho mais novo, o centro da sua vida. Rebeca não consegue mais confiar no marido. Ela escutava as suas conversas às escondidas. O diálogo morreu na vida daquele casal. Os filhos só separaram Isaque e Rebeca porque eles já viviam de aparências. Quem planta egoísmo colhe solidão. A velhice de Isaque foi timbrada pela ausência de Jacó, a revolta de Esaú e a falta de comunicação com Rebeca.

3. MEDO

O medo é o órfão do amor. O amor lança fora todo o medo. O amor tudo sofre, tudo crê, tudo espera, tudo suporta. O amor jamais acaba. O amor é guerreiro. É mais forte do que a morte. As muitas águas não podem afogá-lo.

Isaque temeu porque não amou. O amor corre riscos. O amor não transige com o erro. O medo de Isaque foi desamor à esposa e descrença em Deus. Ele temeu ser morto por causa da esposa, porque deixou de confiar no livramento de Deus. Ele quis tomar os cuidados da sua vida em suas próprias mãos.

A vida é cercada de perigos. Viver é lutar. Só os covardes se escondem. Só os medrosos se cercam de mentiras para se protegerem. A couraça da mentira, porém, é falsa. A proteção do engano é falaz. Quem nos guarda é o Senhor.

Muitas pessoas, como Isaque, conseguem grandes vitórias na vida profissional e fracassam no casamento. Outros alcançam o apogeu da glória humana e perdem os filhos. Isaque falhou como marido e fracassou como pai. Foi um grande homem, teve grandes virtudes, demonstrou ousadia em alguns momentos da vida e era profundamente paciente, mas não teve muito tato no trato com a esposa e com os filhos. Isaque perdeu o diálogo com Rebeca. Sua esposa já não compartilhava com ele as tensões do seu coração. Ela incentivou Jacó a enganar Isaque para receber sua bênção. Encorajou o filho a mentir e dispôs-se a assumir a culpa no lugar dele. O mau exemplo de Isaque foi assimilado pela esposa.

A mentira é um vírus contagioso. Como pai, Isaque cometeu o grande erro de preferir um filho em detrimento do outro. Sua predileção era por Esaú. Faltou-lhe sabedoria para construir a ponte da amizade entre os dois filhos. Lançou no coração deles, pelo contrário, a emulação. Isaque também desobedeceu a Deus quando quis transferir a bênção para Esaú, quando o próprio Deus já havia dito para eles que o filho mais velho serviria ao mais moço. Isaque entrou na contramão dos propósitos eternos de Deus e por isso seu intento pessoal não pôde prosperar. A falta de comunicação desse casal privou-os de maior intimidade, bem como da presença dos filhos. Jacó precisou fugir. Esaú, revoltado, casou-se com mulheres de Canaã, que foram amargura de alma para seus pais. A semente da mentira lançada no passado cresceu e sufocou essa preciosa família.

O pecado é extremamente maligno. Aquele que zomba do pecado é louco. Aquele que faz concessão ao erro abre uma cova para os seus próprios pés. O pecado de Isaque deve ser um sinal de alerta para nós. Ele foi registrado como alerta para que não venhamos a cair nos mesmos laços.

5

No deserto da crise...

PRECISAMOS DESAFIAR OS PROGNÓSTICOS PESSIMISTAS

Isaque tinha muitas razões para não fazer investimentos em Gerar. O clima geral era de pessimismo. O desânimo tomava conta de todos. Talvez Isaque tenha ouvido muitos afirmando: o lugar aqui é deserto. Aqui não chove. A terra está seca. Aqui não tem água. Este lugar não serve para agricultura. Qualquer investimento de plantio não dará certo. Outros já tentaram e fracassaram. Não tem jeito, não podemos sair dessa crise.

Os pessimistas só enxergam dificuldades. Olham para as circunstâncias com óculos escuros. Enxergam apenas nevoeiro no caminho.

Embora já mencionamos a seguinte ilustração, cremos que pelo ensinamento vale a pena repeti-la: Certo vendedor de uma grande fábrica de sapatos foi enviado para um país da África para abrir um novo mercado de consumo de sapatos. Ele chegou, examinou cuidadosamente a região e mandou um telegrama para o diretor da empresa:

"Quero voltar. Aqui não é lugar para fazer investimento. Aqui ninguém usa sapatos!" Prontamente o diretor o trouxe de volta e imediatamente mandou outro vendedor para pesquisar a mesma região. Depois de um tempo de análise, o segundo vendedor enviou um recado para o seu patrão: "Aqui é um campo virgem. Faremos grande sucesso! Ninguém usa sapatos, todos começarão a usar!" A diferença entre os dois vendedores era de perspectiva. Um via as dificuldades; o outro, as possibilidades. Isaque se recusou a aceitar a decretação do fracasso em sua vida. Ele desafiou o tempo, as previsões, os prognósticos, a lógica.

Semeou Isaque naquela terra (Gênesis 26:12). Ele não ficou chorando por causa da crise. Não ficou procurando criar razões para justificar o seu fracasso. Não culpou o sistema nem ficou amuado esperando a situação mudar para começar a fazer grandes investimentos. Desde que o mundo é mundo, ouve-se falar em crise. O mundo sempre esteve e sempre estará em crise. A crise não pode ser negada. Mas os que têm medo da carranca da crise não prosperam. O medroso não investe. O preguiçoso não trabalha. O incrédulo não espera a bênção de Deus. A crise pode ser um tempo de oportunidade. O deserto pode ser um campo fértil. Não adianta culpar o governo, o sistema e as leis. Pare de reclamar. Semeie na sua terra. Semeie no seu casamento. Semeie na vida dos seus filhos. Semeie no seu trabalho. Semeie na sua empresa.

Semeie na sua igreja. Não importa se hoje o cenário é de um deserto. Lance as redes em nome de Jesus. Lance o seu pão sobre as águas. Ande pela fé. Faça tudo o que depende de você e espere prodígios das mãos de Deus.

Davi podia pensar o mesmo diante do gigante Golias. Havia quarenta dias que os soldados de Saul fugiam amedrontados do terrível gigante. Ninguém tinha coragem de encarar o duelista. Ele era imenso, adestrado, desafiador e insolente. Mesmo com promessas de um casamento na família real e isenção total de impostos para a família, nenhum soldado se aventurava a enfrentar aquela parada. Davi, porém, olhou para a luta com outros olhos. Ele não se sentiu inferior; sabia que Deus estava com ele. Davi compreendeu que o gigante havia desafiado os exércitos do Deus vivo. Tomado pelo zelo do Senhor, Davi partiu para a luta. Ele não fugiu do gigante, mas correu para enfrentá-lo em nome do Senhor dos Exércitos. Davi o matou. Davi o venceu. A crise foi superada. Você também precisa agarrar o seu gigante pelo pescoço. Você não pode mais continuar fugindo. Semeie no seu deserto. Ele pode frutificar.

Não olhe para aquilo que o deserto é, mas para aquilo em que ele pode transformar-se. Veja a vida pelas lentes do otimismo. O futuro não é filho do acaso; é criado por homens de visão. A história está crivada de exemplos de homens que plantaram no deserto, enfrentaram a crise e triunfaram em tempos de adversidade.

Os Estados Unidos estão vivendo seu terceiro padrão habitacional. No começo da sua história, o país era agrícola. O povo vivia na região rural. Com o florescimento da indústria e a oportunidade dos serviços públicos, houve grande êxodo rural e o país tornou-se predominantemente urbano. Hoje, a nação vive outra realidade. A maioria da população vive na periferia dos grandes centros urbanos. O grande idealizador desse deslocamento das pessoas dos grandes centros para os subúrbios foi William Levitt. Ele revolucionou o sistema habitacional americano, criando um novo sistema de construção e incentivando o financiamento para aquisição de casas. Depois da Segunda Guerra Mundial, o país atravessou uma grande crise habitacional. O número de casamentos aumentou assustadoramente com o retorno dos soldados combatentes. Em consequência, houve uma explosão de novos nascimentos e, assim, milhões de pessoas viviam inadequadamente em garagens, barracões e tendas. Levitt, então, olhou para aquela crise e viu nela uma imensa oportunidade de tornar-se rico e ajudar o seu país a superar uma grande dificuldade social. Ele comprou grandes lotes no subúrbio de Nova York, onde os preços eram baixos, e começou a construção de casas pré-fabricadas. Os grandes centros foram esvaziando-se. Toda a estrutura foi levada para o subúrbio. A qualidade de vida na periferia passou a ser melhor do que a dos grandes centros. A ideia explodiu em todo o país. Em pouco tempo os Estados Unidos estavam repletos de áreas semelhantes. A crise habitacional foi eliminada. A visão de William Levitt foi uma revolução na indústria de moradias. A crise para ele foi um tempo de semeadura. O deserto, o cenário da sua prosperidade.

Outro homem que prosperou no deserto foi Ray Kroc. Ele possuía a visão do farol alto. Enxergava oportunidades inéditas para semear num solo batido. Nos idos de 1955, Kroc morava em Chicago e trabalhava vendendo máquinas de *milk-shake* para restaurantes. Embora aos 52 anos de idade já tivesse o corpo enfraquecido por algumas enfermidades, não desistiu de sonhar. Durante as viagens como vendedor, ouviu falar das unidades de *milk-shake* que eram usadas pelo restaurante dos irmãos McDonald no sul da Califórnia. O inveterado vendedor viajou até lá e ficou observando as pessoas que chegavam para degustar seus lanches. Notou que elas saíam felizes e satisfeitas. A rapidez no atendimento, a refeição expressa, a limpeza, a cortesia e a qualidade do produto chamaram a sua atenção. Seu instinto de vendedor foi aguçado. Kroc começou a sonhar com a expansão daquele negócio e desenhou o sucesso daquele empreendimento. Ele se engravidou do sonho de estender esse mesmo negócio ao mundo inteiro. Conversou com os irmãos McDonald e fez com eles uma parceria para abrir franquias de refeições rápidas. Eles não tinham essa perspectiva de expansão. O negócio deles era provinciano. Essa visão de Kroc explodiu com a multiplicação dos arcos amarelos no mundo inteiro. Seu sonho tornou-se um sucesso. A indústria de refeições instantâneas transformou-se em uma grande força na economia dos Estados Unidos e, agora, no mundo.

Martin Luther King Jr. era filho de um pregador batista. Cresceu no sul dos Estados Unidos nos anos 1930 e 1940. A segregação racial provocava grandes feridas sociais. Os negros eram odiados pelos brancos. Enfim, o racismo era um câncer na sociedade. O repúdio aos negros tornava-se cada vez mais um crime horrendo. Antes dos meados dos anos 1960, não se permitia que os negros comessem em restaurantes frequentados por brancos. Era-lhes vetado o uso de banheiros públicos e até mesmo de transportes coletivos. A segregação racial era um atentado aos direitos humanos. Nesse deserto de ódio, King plantou sementes de amor. A sua influência foi fundamental para conseguir grandes avanços no combate a essa terrível doença social. Ele não podia ver o seu povo sendo destruído e esmagado sob as botas dos brancos sem nenhuma reação. Ele dedicou sua vida a essa causa justa lutando contra o preconceito racial, a pobreza e o aviltamento do ser humano. Tendo seu púlpito como trincheira de luta, ele conduziu os cristãos negros à resistência sem violência. Encorajou e levou milhares de negros a boicotes, protestos pacíficos, marchas e viagens em prol da liberdade. Transformou-se em herói e mártir dessa cruzada. Chegou mesmo a dizer que quem não tem uma causa pela qual morrer não está preparado para viver. Sua casa foi atacada por bombas. Ele foi preso várias vezes e suportou castigos físicos. Foi escorraçado por clérigos brancos. Seus filhos foram banidos das escolas. Seus bens foram saqueados. Por fim, esse bandeirante destemido foi assassinado na defesa de sua nobre causa. Ele morreu, mas sua luta foi vitoriosa. Ele foi plantado no deserto, mas seu exemplo floresceu. Sua busca permanente pela justiça devolveu aos negros o senso de dignidade. Seu idealismo prosperou, e o racismo sofreu um golpe mortal. King, mesmo morto, ainda fala!

Para prosperar no deserto, é preciso ter iniciativa e criatividade. Quando estamos vivendo no deserto, precisamos nos tomar especialistas em derrotar crises. Isaque começou a cavar poços. Ele cavou sete poços e especializou-se no que fazia. Buscava um milagre, mas pronto a trabalhar até a exaustão. Oliver Cromwell, militar e líder político inglês do século 17, dizia aos seus soldados: "Confiem em Deus, mas mantenham a pólvora seca".

Muitas pessoas querem sucesso sem esforço. Querem prosperidade sem trabalho. Há aqueles que querem passar no vestibular, mas não estudam. Matriculam-se nos concursos, mas não se debruçam sobre os livros. Desejam estar empregados, mas saem de casa com o sol quente para procurar emprego. São pessoas indolentes, lerdas, preguiçosas. Querem tudo de mão beijada.

Isaque cava poços. Ele quer ser próspero, mas não fica deitado de papo para o ar. Vai à luta, se esforça, faz a sua parte. Ele é bom no que faz. Ele é especialista. É doutor em cavar poços. Ele prospera onde todo mundo está passando fome. A porta das oportunidades abre-se para aqueles que são determinados, que estão antenados, enxergam por sobre os ombros dos gigantes.

Vivemos em uma aldeia global. Os meios de comunicação fizeram da nossa sala o centro do universo. A globalização excluirá do mercado aqueles que não se especializarem. Precisamos aprender a cavar poços no deserto. Precisamos encontrar água onde todos só enxergam areia. Precisamos ver lavouras prenhes de frutos onde todos só enxergam cactos secos.

Já fiz algumas viagens para Israel. Em uma delas sofri profundo impacto com o contraste do visual. Viajamos do Egito para Israel, cruzando o inóspito deserto do Sinai. De um lado, estava o deserto seco, morto, coberto de areia e pedras. Do outro lado, no território de Israel, no mesmo deserto, tudo era verde, viçoso, com belas e frutíferas plantações de laranja. Perguntei para o guia turístico a razão do contraste. Ele prontamente respondeu: "Onde tem água, toda terra é terra boa". Israel levou água para o deserto através de um dos mais

modernos sistemas de irrigação do mundo, e o deserto floresceu. O milagre de Deus não anula o esforço humano.
Precisamos nos especializar naquilo que fazemos. Henry Ford foi o primeiro homem no mundo a fabricar carros em série. Charles Steinmetz era um homem deformado, feio, anão, porém uma das maiores inteligências do mundo na área da eletricidade. Foi ele quem fabricou os primeiros geradores para a fábrica Ford, em Dearborn, Michigan. Um dia os geradores queimaram, e toda a fábrica parou de funcionar. Mandaram chamar vários mecânicos e eletricistas para consertá-los, mas ninguém conseguiu recolocá-los em funcionamento. A empresa estava perdendo muito dinheiro. Então, Henry Ford mandou chamar Charles Steinmetz. O gênio chegou ali e começou a remexer por algumas horas. Depois ligou a chave geral, e a fábrica inteira voltou a funcionar. Alguns dias depois, Henry Ford recebeu a conta de Steinmetz, no valor de dez mil dólares. Embora Ford fosse muito rico, devolveu a conta com um bilhete: "Charles, essa conta não está muito alta para um serviço de poucas horas, em que você apenas deu uma mexida naqueles motores?" E Steinmetz devolveu a conta para Ford, mas desta vez havia uma explicação: "Valor da mexida nos motores: dez dólares. Valor do conhecimento do lugar certo para mexer: nove mil novecentos e noventa dólares. Total: dez mil dólares". E Ford pagou a conta.

Você está se especializando no que faz? Você é melhor hoje do que foi ontem? Você está progredindo onde foi plantado? Você está cavando poços no seu deserto? Você está semeando na sua terra?

6

No deserto da crise...

PODEMOS EXPERIMENTAR OS MAIORES MILAGRES DE DEUS

Isaque colheu a cento por um no deserto em tempo de seca (Gênesis 26:12). *Enriqueceu-se o homem, prosperou, ficou riquíssimo* (Gênesis 26:13). Tornou-se próspero empresário rural (Gênesis 26:14). A razão: *Porque o Senhor o abençoava* (Gênesis 26:12b). *A bênção do Senhor enriquece, e, com ela, ele não traz desgosto* (Provérbios 10:22). A obediência e a confiança em Deus abriram para Isaque as comportas dos céus. Ele ousou crer em Deus em um tempo de crise e angústia, em que as circunstâncias eram adversas e as previsões, pessimistas. A fome castigava a terra. A seca estrangulava os sonhos daqueles que esperavam os frutos. Havia uma inquietação no ar, um empobrecimento das famílias. Mas é no torvelinho das dificuldades que os grandes homens aparecem. É no vácuo da crise que os empreendedores se destacam. Quando todos estão chorando pela derrota certa que virá é que o idealista enxerga o espaço para a sua mais retumbante vitória.

Os dez espias de Israel só viram os gigantes de Canaã, mas Josué e Calebe olharam por sobre os ombros dos gigantes e viram uma terra deleitosa que Deus lhes havia concedido. O exército de Saul só via o tamanho descomunal do gigante Golias e sua insolente ameaça, mas Davi olhou o mesmo cenário com os olhos da fé, por isso matou o gigante.

A crise é tempo de oportunidade. O deserto também é lugar de semeadura. Quando agimos em obediência e confiança em Deus, ele pode fazer o deserto florescer. Ele faz jorrar água no deserto. Há uma colheita farta para aqueles que conseguem ver riquezas onde muitos só enxergam dificuldades, para aqueles que conseguem ver tesouros onde muitos só enxergam a cor cinzenta do deserto.

A semeadura é tarefa do homem. Precisamos ter coragem de investir. Plantar uma semente no útero da terra é um ato de fé, pois não temos garantia de que ela vai germinar. Também é uma missão árdua, muitas vezes feita com lágrimas. Mas seria loucura alguém deixar de semear por causa do risco do fracasso. Isaque fez a sua parte: investiu e semeou naquela terra. Não se acomodou na crise nem se conformou com a decretação da derrota.

A colheita farta é bênção de Deus. O homem planta e rega, mas só Deus pode dar o crescimento. O homem trabalha, mas só Deus pode fazê-lo prosperar. O homem investe, mas só Deus pode recompensar o seu labor. Deus não abençoa a indolência. O preguiçoso está fadado à miséria. O trabalho árduo, sério e honesto é o caminho da prosperidade. Devemos despender todo o nosso esforço e esperar com todas as forças da nossa alma em Deus. Sem semeadura não há colheita. Sem investimento não há retorno. Sem fé, o milagre é retido.

Há profunda conexão entre diligência e prosperidade: *As mãos preguiçosas empobrecem o homem, porém as mãos diligentes lhe trazem riqueza* (Provérbios 10:4). Uma das grandes bênçãos da Reforma do século 16 foi resgatar o valor do trabalho. O trabalho é uma bênção, e não uma maldição; uma liturgia de adoração a Deus, e não um castigo. O trabalho enobrece e dignifica o homem. É o caminho mais seguro para o progresso. A preguiça, o vício, a busca do lucro fácil, a jogatina promovem a pobreza e o desfibramento moral.

O trabalho, entretanto, traz a riqueza. *O preguiçoso deseja e nada tem, mas a alma dos diligentes se farta* (Provérbios 13:4). A única maneira de enfrentar a crise é com trabalho. Não adianta buscar desculpas para justificar o fracasso. É preciso romper com o ciclo vicioso da murmuração. É preciso ter coragem de abandonar aqueles que fazem da vida uma maratona de lamentação. *O que lavra a sua terra virá a fartar-se de pão, mas o que se ajunta a vadios se fartará de pobreza* (Provérbios 28:19).

Isaque colheu com fartura em tempo de fome. Ele prosperou no deserto e experimentou os milagres de Deus na crise. Mas Isaque não ficou rico de braços cruzados. Ele suou a camisa. Ele colocou a mão na massa. Ele cavou poços. Plantou, investiu e trabalhou. Foi um empreendedor. É hora de parar de falar em crise e arregaçar as mangas. É hora de parar de reclamar e começar a trabalhar com afinco. Pois é na bigorna da crise que os grandes homens são forjados. É no deserto que as fontes mais preciosas podem brotar. É no deserto que Deus pode fazê-lo prosperar.

Franklin Delano Roosevelt (1882-1945) foi presidente dos Estados Unidos por quatro mandatos consecutivos. Começou sua carreira política como senador do Partido Democrata em 1910, projetando-se rapidamente. Em 1921 sofreu poliomielite e ficou paralítico de uma das pernas. Sua vida parecia um deserto. Seus sonhos foram ameaçados, e parecia que o seu futuro político estava acabado. Mas ele continuou semeando no seu deserto e tornou-se um dos maiores luminares políticos do século 20. Foi eleito governador de Nova York. Em 1932, foi eleito presidente dos Estados Unidos, quando o país enfrentava a maior crise econômica da sua história em virtude da quebra da bolsa de Nova York em 1929. Com bravura e determinação, ele promoveu a recuperação norte-americana com uma série de medidas administrativas e econômicas conhecidas como New Deal. Essas medidas reduziram o desemprego e aumentaram a produção industrial e a renda nacional. Foi reeleito em 1936 e em 1940. Durante a Segunda Guerra

Mundial (1939-1945), Roosevelt foi o principal articulador da aliança dos Estados Unidos com o Reino Unido e a União das Repúblicas Socialistas Soviéticas contra o nazismo. Apesar da saúde debilitada, foi reeleito em 1944 para um quarto mandato. Esse grande campeão das urnas tombou no campo de batalha pela enfermidade, mas jamais por falta de idealismo.

7

No deserto da crise...

PRECISAMOS ESTAR PREPARADOS PARA ENFRENTAR OPOSIÇÃO SEM DEIXAR O CORAÇÃO AZEDAR

O SEU SUCESSO SEMPRE incomodará alguém. São poucos os que se alegram com a sua vitória. A prosperidade de uns é o sentimento de fracasso de outros. Sua alegria pode ser o desgosto de outros. Isaque enfrentou três problemas graves ao mesmo tempo que alcançava grandes vitórias.

1. A INVEJA DOS FILISTEUS

E possuía ovelhas e gado, e muita gente a seu serviço, de modo que os filisteus o invejavam.
(Gênesis 26:14)

A inveja é um sentimento mesquinho que corrói como câncer. O invejoso é aquele que não se alegra com o que tem e ainda sente desgosto pelo que não tem. O invejoso é aquele que sofre porque não tem o que é do outro. Ele se torna infeliz porque vê o outro feliz. Sente-se mal porque o outro está bem, e desprezado e miserável porque o outro é honrado. Tem a sensação de estar enjaulado pelo fracasso porque o outro colocou os pés na estrada do sucesso. A inveja é um pecado contra Deus, contra o próximo e contra si mesmo. O invejoso descrê da bondosa providência divina. É incapaz de alegrar-se com os que se alegram. Ele destrói a si mesmo, picado pelo veneno gerado em seu próprio coração pecaminoso. A prosperidade de Isaque começou a incomodar os filisteus. Eles já não olhavam para ele com bons olhos. O invejoso não consegue amar; está sempre maquinando o mal para o outro, porque o fracasso do outro é o seu maior prazer. Ele aplaude a desgraça do outro e sente-se bem quando alguém tropeça.

Os filisteus não tiveram uma inveja passiva. Eles procuraram atormentar a vida de Isaque, o perseguiram, trouxeram-lhe muitos problemas. Entulharam seus poços e contenderam com ele.

Você já teve que lidar com pessoas invejosas na sua família, no seu trabalho, na sua empresa, nos seus negócios? Já percebeu como algumas pessoas sofrem com o seu triunfo? Eliabe ridicularizou Davi no campo de batalha por causa da inveja. Saul perseguiu Davi durante vários anos por inveja. Os fariseus, escribas e sacerdotes maquinaram contra Jesus, levando-o à morte, por inveja. Os membros do Sinédrio judaico lançaram os apóstolos na prisão por inveja. A inveja é a arma dos fracos, é o recurso mesquinho dos covardes, é o combustível que alimenta a caminhada dos fracassados.

2. A REJEIÇÃO DE ABIMELEQUE

E Abimeleque disse a Isaque: Afasta-te de nós, porque te tornaste muito mais poderoso do que nós. (Gênesis 26:16)

Ao ver o sucesso de Isaque, Abimeleque sentiu-se ameaçado, encarando-o como um rival que precisava sair do seu caminho. Em vez de aprender com Isaque, Abimeleque afastou-o da sua vida. Em vez de observar os princípios que estavam por trás do sucesso de Isaque, mandou-o embora.

O nosso sucesso incomoda não apenas os nossos pares, mas também os nossos superiores. O nosso progresso muitas vezes produz um gosto amargo naqueles que nos rodeiam. Nossas vitórias muitas vezes nos levarão para o deserto da solidão, para o campo árido da rejeição. Para muitos, nossas conquistas representam uma ameaça que deve ser retirada do caminho a qualquer custo.

Vivemos em uma sociedade onde a competição é incentivada, em um mundo seletivo, onde os fortes tentam subir na vida pisando nos fracos. Para muitas pessoas, a vitória não é apenas a celebração do sucesso pessoal, é também a derrota dos concorrentes.

Esse foi o sentimento que alimentou o coração inseguro de Abimeleque. Isaque era bem-vindo enquanto lutava pela sua sobrevivência. Mas quando se tornou opulento e próspero, sua presença começou a incomodar os amantes do poder.

Você já sentiu na pele esse drama de ser rejeitado por causa de uma vitória? Já percebeu como as pessoas têm dificuldade de celebrar suas vitórias com você? Já se sentiu ameaçado ou mesmo convidado a se afastar de uma empresa, de uma igreja ou de um clube por causa das suas conquistas que começaram a incomodar aqueles que buscavam a glória apenas para si mesmos?

O drama vivido por Isaque é contemporâneo. Muitos ainda hoje continuam sendo rejeitados não por causa dos seus fracassos, mas por causa de suas conquistas e vitórias.

3. A CONTENDA DOS PASTORES DE GERAR

E os pastores de Gerar se desentenderam com os pastores de Isaque, dizendo: Esta água é nossa. E ele chamou o poço de Eseque, pois se desentenderam por causa dele. Então cavaram outro poço e também se desentenderam por causa deste; por isso deu-lhe o nome de Sitna. (Gênesis 26:20,21)

Isaque foi expulso por Abimeleque. Tomou então a direção do vale de Gerar. Ele não se sentiu derrotado nem se entregou às lamúrias e lamentações. Não deixou o seu coração azedar, mas buscou novos horizontes. Ao chegar ao vale de Gerar, Isaque não cultivou uma atitude saudosista em relação ao seu passado de prosperidade e riqueza. Não se deixou deprimir com o fim de uma história timbrada por tantas conquistas. Resolveu construir uma nova história naquele vale.

    Isaque começou a cavar poços. O lugar era seco. Não havia possibilidade de sobreviver ali sem água. A água era a sua maior necessidade. A água era uma condição não apenas para a sua sobrevivência, mas também para a possibilidade de novas conquistas. O mesmo Deus que lhe dera prosperidade na terra dos filisteus agora o faria prosperar no vale. Contudo, o sucesso de Isaque em cavar poços produziu contenda entre os pastores de Gerar. O sucesso de Isaque novamente incomoda quem está perto dele. As pessoas que estão à sua volta não conseguem conviver com o seu triunfo.

    Mais uma vez, Isaque não briga pelos seus direitos. Ele não declara guerra aos pastores de Gerar para provar que os poços lhe pertenciam. Ele abre mão dos seus legítimos direitos. Não contende nem briga. Ele vai adiante. Busca novas oportunidades. Cava novos poços. Ele tem uma reação transcendental.

    Isaque nos ensina que é melhor sofrer o dano do que entrar em uma briga buscando os nossos direitos. Ele aprendeu isso com o seu pai, Abraão, quando enfrentou situação semelhante com Ló. Abraão abriu mão dos seus direitos e deu a Ló a primazia da escolha. Ló escolheu as campinas verdejantes do Jordão, e Abraão ficou com a parte aparentemente menos próspera. Mas o aparente sucesso de Ló tornou-se, mais tarde, ruína para ele e sua família. Deus honrou a atitude de Abraão e o fez prosperar. Não vale a pena viver brigando, com o coração cheio de mágoa. Viva em paz com todos os homens. Sua paz interior é uma riqueza que ninguém pode roubar.

Isaque nos ensina o princípio de que não podemos ser verdadeiramente prósperos sem exercitar o verdadeiro perdão. A vida sem o exercício do perdão torna-se um fardo pesado. Quem não perdoa não tem paz. Quem não perdoa adoece. Quem não perdoa morre engasgado com o próprio veneno. Quem não perdoa vive atormentado pela turbulência dos próprios sentimentos. Quem não perdoa não pode ter comunhão com Deus. O perdão liberta-nos. O perdão alivia-nos. O perdão restaura-nos. O perdão nos põe na estrada da verdadeira prosperidade.

Finalmente, Isaque nos ensina o princípio bíblico de que o homem que teme ao Senhor, Deus o reconcilia com os seus inimigos (Provérbios 16:7). Abimeleque o expulsa, mas depois o procura, lhe pede perdão e reconhece que Isaque é agora o abençoado do SENHOR (Gênesis 26:29).

Deus nos honra quando agimos de acordo com os seus princípios. A verdadeira prosperidade não vem como fruto da ganância e de expedientes escusos, mas como resultado da bênção do Senhor. *A bênção do SENHOR enriquece, e, com ela, ele não traz desgosto* (Provérbios 10:22). Há muitas pessoas abastadas vivendo miseravelmente. Há pessoas desprovidas de bens materiais desfrutando de grande alegria. A vida de um homem não consiste na quantidade de bens que ele possui. Somos prósperos quando andamos com Deus. Somos prósperos quando temos gratidão em nosso coração. Fartura e escassez podem fazer parte da nossa vida, mas o contentamento sempre reinará em nosso coração.

8

No deserto da crise...

PRECISAMOS REABRIR AS ANTIGAS FONTES SEM DEIXAR DE CAVAR NOVOS POÇOS

Isaque tornou a abrir os poços que haviam sido cavados nos dias de seu pai Abraão, pois os filisteus os haviam entulhado depois da morte de Abraão; e deu-lhes os nomes dados por seu pai. E os servos de Isaque cavaram naquele vale e acharam ali uma fonte de águas correntes. E os pastores de Gerar se desentenderam com os pastores de Isaque, dizendo: Esta água é nossa. E ele chamou o poço de Eseque, pois se desentenderam por causa dele. Então cavaram outro poço e também se desentenderam por causa deste; por isso deu-lhe o nome de Sitna. Isaque partiu dali e cavou ainda outro poço; e não se desentenderam por causa deste; pelo que lhe chamou Reobote, dizendo: Pois agora o SENHOR nos deu espaço, e havemos de prosperar na terra. [...] Então Isaque edificou ali um altar e invocou o nome do SENHOR. Ele armou ali a sua tenda, e seus servos cavaram mais um poço. [...] *Nesse mesmo dia, os servos de Isaque vieram e deram-lhe notícias acerca do poço que haviam cavado, dizendo-lhe: Achamos água.* (Gênesis 26:18-22,25,32)

1. ISAQUE TEM UM PROBLEMA VITAL NO VALE DE GERAR

Não há água. Sem água, não há vida. Você pode ter o melhor solo, a melhor semente e os melhores fertilizantes, mas sem água a semente morrerá mirrada no útero da terra. Sem água, a morte prevalece. O problema de Isaque não podia ser adiado. Não era algo secundário. Não era um problema periférico. Requeria uma solução urgente. De forma semelhante, a nossa necessidade espiritual hoje não é um assunto secundário. A água é um símbolo do Espírito Santo. Sem o Espírito de Deus, você pode ter nome de crente, aparência de crente, mas está morto. A não ser que nasça da água e do Espírito, você não pode entrar no reino de Deus. Sem as torrentes do Espírito, sua vida torna-se árida como os cactos do deserto. Sem o orvalho do céu, sua vida murcha e seca.

Nossa maior necessidade não é de templos mais ricos e modernos. Nossa maior necessidade é do Espírito de Deus. Hoje temos grandes igrejas, com ricos templos, com pastores cultos em seu púlpito, mas muitas delas estão fracas, áridas e doentes porque está faltando o essencial: a presença e o poder do Espírito de Deus. A água é insubstituível. É vital. Assim é o Espírito de Deus. Sem ele, a igreja não tem vida espiritual. Sem ele, a igreja não respira o oxigênio do céu. Nosso conhecimento, nossa metodologia e todo o nosso esforço não são suficientes para produzir sequer uma conversão. Preciso concordar com Charles H. Spurgeon, quando disse: "É mais fácil um leão tornar-se vegetariano do que eu acreditar que ao menos uma alma possa ser salva sem a obra do Espírito Santo".

2. ISAQUE APRENDE COM A EXPERIÊNCIA DOS MAIS VELHOS

Isaque não chama os especialistas para cavar poços, mas aproveita a experiência do seu pai. Abraão já havia cavado aqueles poços e encontrado água. Precisamos reabrir as fontes de vida que abasteceram nossos pais. Precisamos redescobrir as fontes de vida das quais nossos pais beberam e que foram entulhadas pela corrupção dos tempos. Os filisteus modernos têm jogado muito entulho nas fontes que abastecem nossa vida. Precisamos cavar esses poços outra vez. Lá existe água boa. Lá existem mananciais.

Precisamos voltar às antigas veredas, à prática das primeiras obras. Precisamos voltar ao nosso primeiro amor, reunir a família em torno da palavra, voltar a orar juntos, a realizar o culto doméstico. Precisamos voltar a orar por avivamento, reaprender a jejuar. Precisamos matricular-nos na escola do quebrantamento, romper com o pecado e buscar uma vida de santidade. Precisamos apegar-nos com mais fervor às verdades eternas da palavra de Deus. Não estamos precisando de novidades, de correr atrás de cisternas rotas. Precisamos do antigo evangelho.

Hoje, na ânsia de buscar algo novo, muitas pessoas jogam fora toda a herança que receberam de seus pais. Muitas pessoas abandonaram as antigas veredas e embrenharam-se por caminhos sinuosos e desconhecidos. Muitas igrejas têm descambado para a heterodoxia, porque, na busca do novo, removeram os marcos antigos. Há muitas igrejas no Brasil e no mundo que sucumbiram ao sincretismo religioso. Práticas estranhas às Escrituras foram introduzidas. Líderes inescrupulosos usam textos da Bíblia fora do seu contexto para enganar os incautos. Pastores cheios de avareza apascentam a si mesmos, lançando mão de várias práticas estranhas, algumas delas, inclusive, com fortes vestígios de paganismo. Esses mascates da fé transformam o evangelho num produto híbrido, o púlpito num balcão, o templo numa praça de comércio e os crentes em consumidores. O vetor que governa esses embaixadores da apostasia é o lucro.

Está na moda hoje a teologia da prosperidade. As pessoas ávidas pelas riquezas deste mundo fluem em grande quantidade a esses redutos que prometem, em nome de Deus, riquezas materiais.

Pregadores com uma teologia vesga torcem os textos bíblicos, fazendo promessas em nome de Deus que ele nunca prometeu. Assim, a mensagem que pregam é apenas para esta vida. Querem construir apenas para este mundo. Querem saúde, casa, carro, bens e coisas que o dinheiro pode comprar. Porém, a essas pessoas é sonegada a mensagem da graça, a promessa da vida eterna.

O profeta Jeremias denunciou aqueles que abandonaram o Senhor, o manancial de águas vivas, e cavaram para si cisternas rotas que não retêm as águas. De forma semelhante, muitas igrejas hoje estão buscando avivamento sem doutrina, revestimento de poder sem a baliza da verdade revelada de Deus. Por isso, temos visto muito movimento, mas pouco resultado; muito choro, mas pouco quebrantamento; muito trovão, mas pouca chuva; muitas folhas, mas pouco fruto; muita aparência, mas pouca realidade. O movimento tem se transformado em monumento. A unção está se tornando inanição. A comunhão está virando sociabilidade. E a adoração está virando encenação.

3. ISAQUE NÃO SE CONTENTOU APENAS COM AS EXPERIÊNCIAS DO PASSADO; ELE QUERIA MAIS (GÊNESIS 26:19-22,32)

Isaque era um homem sedento. Queria sempre mais. Ele saiu da terra dos filisteus, foi para o vale de Gerar, depois para Reobote, depois para

Berseba. Mas, por onde ia, cavava poços. Ele não desanimava diante das dificuldades. Queria água no deserto. Berseba, antes um deserto, agora era uma cidade, porque Isaque encontrou água ali. Isaque não apenas desentupiu os poços antigos; ele cavou poços novos. Não desprezou o passado, mas também não ficou preso a ele. Isaque não jogou fora a herança deixada por seu pai, mas não se limitou a ela. Isaque sabia que podia alargar os horizontes da sua vida. Não se acomodou e continuou cavando poços. Foi além. Ele queria mais. Transformou o seu deserto em fonte de águas.

Precisamos aspirar mais do que os nossos pais aspiraram. As torrentes de ontem devem ser as medidas mínimas para a busca do hoje. Precisamos avançar mais do que os nossos pais avançaram. Os recursos de Deus são inesgotáveis. Não podemos deixar que as experiências do passado sejam o limite máximo das nossas buscas hoje. Não podemos jogar o passado fora nem idolatrá-lo. A História é dinâmica. Devemos viver no presente com os olhos no futuro.

O exemplo de Isaque deve ser uma inspiração para nós. Não podemos desprezar o rico legado que recebemos de nossos pais na fé. Eles cavaram poços antes de nós e encontraram água limpa. Esses poços foram muitas vezes soterrados com o entulho dos filisteus. Precisamos desentupir esses poços. Precisamos reabrir as antigas fontes, porque delas pode jorrar água em abundância.

Nossos pais experimentaram o tremendo milagre de ver o deserto seco transformar-se em mananciais. Eles cavaram poços e beberam de suas águas. Oraram e receberam avivamento. Buscaram o Senhor e encontraram mananciais de águas vivas. Eles viram Deus transformar o deserto árido em pomares frutuosos. Nossa geração precisa ter a ousadia de Isaque. Precisamos buscar não apenas as maravilhas que os nossos pais experimentaram, mas ir além. Não há limitação no nosso Deus. Ele pode fazer infinitamente mais do que tudo quanto pedimos ou pensamos, conforme o seu poder que opera em nós. Podemos hoje experimentar as torrentes do céu. Nós podemos ser visitados por um poderoso avivamento. Podemos sacudir o jugo da sequidão espiritual. Os mananciais de Deus são inesgotáveis. As fontes de Deus jamais deixam de jorrar. O azeite de Deus jamais deixa de escorrer enquanto há vasilhas vazias disponíveis. É tempo de buscar as riquezas insondáveis do evangelho de Cristo. É tempo de ver também o nosso deserto florescendo.

Devemos alimentar nossa alma com a esperança de uma poderosa visitação de Deus. Os céus podem ser obsequiosos à terra. As torrentes caudalosas do Espírito Santo podem cair sobre nós. O sopro do altíssimo pode trazer vida àqueles que, sonolentos, vivem como mortos. O Deus que fez no passado pode fazer novamente. Porque ele não muda, temos uma viva esperança!

9

No deserto da crise...

PRECISAMOS TIRAR O ENTULHO DOS FILISTEUS PARA QUE A ÁGUA POSSA JORRAR

> Isaque tornou a abrir os poços que haviam sido cavados nos dias de seu pai Abraão, pois os filisteus os haviam entulhado depois da morte de Abraão; e deu-lhes os nomes dados por seu pai.(Gênesis 26:18)

Isaque compreendeu uma verdade sublime: havia água nos poços. Mas ela não podia ser aproveitada. Os filisteus tinham soterrado os poços com entulho, por isso a água deixara de jorrar.

Deus tem para nós fontes, rios de água viva. Mas muitas vezes essas fontes estão entupidas. A água não jorra porque há entulho e lixo que precisam ser removidos. O entulho dos filisteus impedia os poços de jorrarem. A água estava lá, mas soterrada, impedida de escorrer.

Antes de sermos cheios do Espírito de Deus, precisamos tirar o entulho do pecado. Deus é santo.

Ele não comunga nem transige com o pecado. Onde há entulho entupindo os poços, a água não brota. O pecado impede que as torrentes de Deus fluam em nós. Os rios de água viva deixam de fluir em nós quando o entulho dos filisteus se acumula em nosso coração.

Quando o povo de Israel foi derrotado diante da pequena cidade de Ai, Josué e os anciãos caíram com o rosto em terra, em profundo desalento. Deus, porém, disse-lhes que havia pecado no meio do acampamento e, enquanto o pecado não fosse removido, Deus não seria com eles nem Israel poderia prevalecer contra os inimigos.

O pecado nos afasta de Deus e nos torna fracos. João Batista disse que, antes de o Senhor se manifestar em nossa vida e através da nossa vida, precisamos preparar o caminho do Senhor, aterrando os vales, nivelando os montes, endireitando os caminhos tortos e aplainando os escabrosos. O avivamento é sempre precedido por arrependimento. Enquanto não houver choro pelo pecado, não haverá a alegria da plenitude do Espírito. As águas brotam dos poços que foram limpos.

Muito entulho filisteu hoje soterra os poços que nossos pais cavaram. Que entulhos são esses? Em primeiro lugar, *o entulho das tradições humanas*. Muitas pessoas têm desprezado as Escrituras e seguido tradições humanas. A igreja passa a ser regida não pela verdade revelada, mas mediante leis e costumes criados pelo gosto ou capricho da vontade humana. Essas tradições são um fardo pesado. Uma canga insuportável de carregar. Geram uma falsa espiritualidade. Promovem uma espiritualidade aparente, que pode até ser aplaudida pelos homens, mas não é aprovada por Deus.

Em segundo lugar, *o entulho do legalismo*. Muitas pessoas querem agradar a Deus com aparência e formas externas. Tentam impressionar os outros com uma santidade falsa. Proclamam um poder que não têm, fazem propaganda de uma vida que não possuem. Buscam impressionar os outros, enganando a si mesmos. O legalismo é um caldo venenoso que tem matado muitas igrejas. É um embuste, uma mentira, uma farsa. As pessoas que são prisioneiras do legalismo mentem para si mesmas. Colocam uma máscara e acreditam que estão vivendo uma vida real, quando na verdade estão apenas representando um papel. Deus não se impressiona com a nossa aparência. Ele vê o coração. Ele busca a verdade no íntimo. Jesus confrontou duramente os fariseus hipócritas, que tocavam trombetas, proclamando suas próprias obras, e gostavam de impressionar as pessoas fazendo longas orações nas praças, mas eram como sepulcros caiados: bonitos por fora e podres por dentro.

Em terceiro lugar, *o entulho da vida dupla*. Muitas pessoas estão vivendo uma farsa e uma mentira dentro de casa, na igreja e na sociedade. São como o general sírio Naamã: heróis da porta para fora, mas leprosos dentro de casa. Há pessoas hoje vivendo em pecado e ao mesmo tempo lidando com as coisas de Deus. Tentam conciliar o santo com o imundo. Tentam abafar a própria voz da consciência com racionalizações.

Em quarto lugar, *o entulho da impureza*. Vivemos numa sociedade sexólatra e pansexual. As pessoas estão perdendo o pudor. A liberação sexual e o uso de preservativos e anticoncepcionais viraram os valores morais desta geração de cabeça para baixo. A maioria dos jovens tem relacionamento sexual antes do casamento. A maioria dos casais tem relacionamento sexual fora do casamento. A homossexualidade cresce espantosamente. A sociedade aceita essa aberração sexual como uma opção legítima. A indústria pornográfica está tornando-se um poderoso império econômico. A mídia moderna derrama sobre as famílias toda sorte de aberrações sexuais, pervertendo valores e arruinando milhões de vidas. Estamos assistindo à sodomização da nossa cultura. Muitos cristãos têm tombado no campo da impureza sexual. Muitos líderes têm naufragado na vida moral. Muitos casamentos sólidos têm desmoronado. A impureza sexual tem sido um câncer destruidor para milhares de vidas. Com o advento da internet, a pornografia escraviza trinta por cento dos homens. A pornografia é como uma droga: escraviza, deturpa e destrói. Destrói a paz, os relacionamentos e a alma.

Em quinto lugar, *o entulho da incredulidade*. Muitas pessoas vivem hoje o ateísmo prático.

Professam crer em Deus, mas não confiam em sua palavra. Acham que os poços antigos não podem ser reabertos, porque não têm mais água. Por isso, desprezam as antigas veredas e abandonam o antigo evangelho. Por abandonarem a suficiência das Escrituras, tentam cavar novos poços, não segundo os princípios de Deus, mas segundo os parâmetros da corrompida vontade humana. Por isso, temos visto a explosão de um misticismo exacerbado dentro do arraial evangélico. Crentes que estão sempre à procura da última novidade, pulando de uma experiência para outra, buscando preencher o vazio de um coração sedento.

Em sexto lugar, *o entulho do pragmatismo*. O pragmatismo também prevalece em nossa geração. As pessoas não buscam a verdade, mas o que funciona. Não o que é certo, mas o que dá certo. As pessoas hoje, em geral, não estão interessadas em princípios absolutos, mas em resultados fáceis. É preciso dragar esses poços. É preciso tirar todo o entulho dos filisteus. É preciso tirar todo o lixo que está soterrando as fontes. Então, água limpa, pura e abundante brotará novamente e o deserto florescerá.

Em sétimo lugar, *o entulho do comodismo espiritual*. Cada um está correndo atrás dos seus interesses. As pessoas não têm mais tempo para Deus. Não têm mais tempo para orar, não têm mais tempo para ler a Bíblia. Não há espaço em sua agenda para fazer a obra de Deus. As coisas de Deus podem ficar para depois. Andam muito ocupadas consigo mesmas e com os seus próprios interesses. Estamos vivendo o tempo do antropocentrismo idolátrico. O dinheiro tornou-se um fim em si mesmo. As pessoas trabalham, vivem e morrem pelo dinheiro. A filosofia do nosso século é amar as coisas, usar as pessoas e esquecer-se de Deus. Mas, se quisermos ver os poços jorrando água limpa no deserto, precisaremos remover esses entulhos. É preciso ter coragem para romper com todas essas práticas pecaminosas.

10

No deserto da crise...

PRECISAMOS CONJUGAR TRABALHO E LITURGIA

> *E o* Senhor apareceu-lhe *na mesma noite e disse: Eu sou o Deus de teu pai Abraão; não temas, porque estou contigo e te abençoarei e multiplicarei a tua descendência por amor do meu servo Abraão. Então Isaque edificou ali um altar e invocou o nome do* Senhor. *Ele armou ali a sua tenda, e seus servos cavaram mais um poço.* (Gênesis 26:24,25)

A prosperidade é resultado da diligência e da devoção. Não basta ser rico; é preciso ser próspero. Há muitas pessoas ricas profundamente infelizes. Existem muitas pessoas que não possuem dinheiro, mas são possuídas por ele. Há muitas pessoas cujo dinheiro não é um servo, mas o dono de sua vida.

A riqueza sem Deus é um poço de perdição. A riqueza sem Deus é um laço do inferno. Não há nada mais perigoso do que o homem pensar que é autossuficiente. Jesus chamou de louco o homem que ajuntou muitos bens e pensou alimentar a sua alma por longos anos com coisas materiais.

Jesus contou a história do homem rico e Lázaro, mostrando com cores vivas a medonha realidade daqueles que vivem nababescamente neste mundo, bebendo todas as taças dos prazeres, banqueteando-se em festivais repletos de ostentação, sem refletir sobre o destino da sua alma e sem abrir o coração para assistir o necessitado à sua porta. O rico morreu e foi sepultado.

A morte chega para todos. A morte é a mais democrática experiência da vida. Ela não faz acepção de pessoas. Chega para grandes e pequenos, ricos e pobres, velhos e crianças, religiosos e ateus. É o sinal de igualdade na equação da vida.

O maior drama desse homem rico, contudo, não foi a sua morte, mas a sua condenação eterna. Ele foi para o inferno. Lá teve de ficar em tormento incessante, separado para sempre de qualquer possibilidade de alívio, enquanto Lázaro, o homem tomado por chagas que jazia à sua porta, morreu e foi levado pelos anjos para o seio de Abraão, para o paraíso, onde não há dor, nem sofrimento, nem lágrimas.

Feliz é o homem que reconhece que toda a boa dádiva vem das mãos de Deus. É ele quem nos faz prosperar. A bênção do Senhor enriquece e nela não há desgosto. Quando buscamos Deus em primeiro lugar, ele trabalha em nosso favor; ele faz hora extra por nós e para nós. O Senhor trabalha por nós

no turno da noite. Aos seus amados, ele provê às suas necessidades enquanto dormem. Bem-aventurado é aquele que anseia por Deus mais do que por riqueza, poder ou força. Feliz é aquele que leva Deus para o seu trabalho e traz o seu trabalho para o Senhor. Feliz é aquele que levanta altares para Deus no seu trabalho e faz do seu trabalho uma liturgia de adoração ao Senhor.
Não há nenhum pecado em ser rico, como também não há nenhuma virtude em ser pobre. O problema não é ter dinheiro, mas o dinheiro nos ter. O problema não é possuir dinheiro, mas o dinheiro nos possuir. O problema não é carregar dinheiro no bolso, mas entronizar o dinheiro no coração. O dinheiro é um bom servo, mas um péssimo patrão. O dinheiro é o maior dono de escravos do mundo. O dinheiro é mais do que uma moeda; é um ídolo. O dinheiro é Mamom. A única entidade que Jesus chama de senhor além de Deus é o dinheiro. Ele disse: "Ninguém pode servir a dois senhores. Ninguém pode servir a Deus e às riquezas". Logo, se as nossas riquezas prosperam, não devemos colocar nelas o nosso coração. Devemos, ao contrário, ajuntar tesouros lá no alto, onde nem ladrões, nem a traça, nem a ferrugem podem destruí-los.
Deus fez tanto o rico como o pobre. Vemos nisso o mistério do pobre e o ministério do rico. Os ricos devem ser generosos em dar e prontos em repartir. Eles recebem em abundância não para

reterem tudo com avareza, mas para distribuírem com generosidade. Não temos o que retemos; temos o que repartirmos. A semente que se multiplica não é a que comemos, mas a que semeamos. O dinheiro não deve ser um deus que nos controla; devemos usá-lo como ferramenta para abençoar pessoas. Dessa forma, precisamos ter uma ética cristã tanto para ganhar o dinheiro com integridade, como para investi-lo com generosidade. Nosso trabalho é um culto a Deus, e nossas boas obras devem promover gratidão a Deus.

A Reforma do século 16 reafirmou o princípio bíblico de que toda a nossa vida é litúrgica e sagrada. No deserto devemos cavar poços e levantar altares ao Senhor. Precisamos trafegar da igreja para o nosso trabalho com a mesma devoção. Toda a nossa vida está envolta pelo sagrado. Nosso labor é santo. Nosso trabalho é santo. Nossa segunda-feira precisa ser tão cúltica quanto o culto de domingo. Se no seu escritório, no seu balcão, no seu comércio, na sua indústria, no seu campo, você não levanta altares a Deus, seu culto na igreja será vazio.

Não é correta a teologia que dicotomiza a vida em sagrado e profano. Muitas pessoas pensam que o trabalho é coisa secular, enquanto o culto na igreja é sagrado. Há pessoas que vivem essa dualidade. No trabalho agem de um jeito, e na igreja, de outro. No trabalho vale tudo, pois ali é um campo onde Deus não entra. Na igreja, contudo, essas pessoas são legalistas e aparentemente piedosas. Essa visão da vida é falsa. Antes de Deus aceitar o nosso culto, ele precisa aceitar a nossa vida. A oferta de Caim foi rejeitada porque a vida de Caim foi rejeitada. Antes do culto vem a vida. Toda a nossa vida deve ser uma liturgia de adoração a Deus. Jesus condenou a atitude dos fariseus que eram muito espirituais no templo, mas no dia a dia roubavam das viúvas, desprezavam os pais e se julgavam melhores do que as outras pessoas. Isaque nos ensina o princípio de que tudo na vida é sagrado. Cavar poços deve ser um ato litúrgico. Tudo o que fazemos deve ser *para a glória de Deus* (1Coríntios 10:31). O apóstolo Paulo diz que tudo o que fizermos, seja em palavra, seja em ação, devemos fazer em nome de Jesus, *dando graças a Deus Pai* (Colossenses 3:17). Devemos trafegar da nossa casa para o trabalho e do trabalho para a igreja com a mesma devoção. Todo o trabalho digno e honesto é uma liturgia de adoração ao Senhor. Precisamos, à semelhança de Isaque, erguer altares ao Senhor enquanto caminhamos, enquanto trabalhamos, enquanto estudamos, enquanto vivemos. Tudo o que somos e temos vem de Deus, e por tudo devemos dar a ele a glória devida ao seu nome.

E O DESERTO FLORESCERÁ!

DEUS PODE TRANSFORMAR O deserto em um pomar. A terra seca pode ser o palco de abundantes colheitas. Podemos prosperar no deserto. O Deus de Isaque é o nosso Deus. Ele continua fazendo maravilhas na vida daqueles que creem em sua palavra e agem de acordo com os seus preceitos. Se você está encurralado pela crise, não desanime. Ela pode ser a porta da oportunidade que Deus colocou no seu caminho. Se a crise chegou com fúria e você está sendo sufocado sob o rolo compressor das adversidades, saiba que as mesmas mãos que fizeram os céus e a terra e controlam o universo dirigem a sua vida. Se você está sentindo o deserto abrasador ferindo os seus pés e toldando a sua visão, olhe para cima, porque do Senhor vem o refrigério para a sua vida e os caminhos de vitória para os seus passos.

A crise não é um fim. Ela é apenas um meio pelo qual Deus o conduzirá a vitórias retumbantes. Assim como o deserto não era o destino do povo de Israel, mas sim a terra prometida, a crise também vai passar na sua vida. Você está a caminho da terra prometida. Seu destino é a glória. Por pior que pareça a situação, por mais amarga que seja a caminhada, por mais duro que seja o chão que você pisa, o seu deserto florescerá.

Não desista de esperar. Não pare de sonhar. Não deixe de semear no seu deserto; invista no seu deserto pela fé. Deus fará sua lavoura florescer e frutificar milagrosamente. Plante no deserto e prepare-se para uma colheita abundante. Ponha os seus olhos em Deus, o seu coração nos princípios eternos da palavra, seus pés na estrada da obediência, e o milagre da multiplicação no deserto se repetirá na sua vida.

Cave poços no deserto, ainda que todos lhe digam que o seu esforço será inútil. Creia no Senhor, não obstante as circunstâncias adversas. Deus lhe dará água no deserto. As fontes que foram soterradas pela corrupção dos anos voltarão a jorrar em abundância. Ande com Deus, obedeça a seus conselhos e prepare-se para grandes e fartas colheitas, mesmo em tempos de crise!

Sua opinião é importante para nós.
Por gentileza, envie-nos seus comentários pelo e-mail:

editorial@hagnos.com.br